기억력 회복과 인지력 향상을 위한 한자 손글씨

어르신을 위한
고사성어
따라쓰기

기억력 회복과 인지력 향상을 위한 한자 손글씨

어르신을 위한
고사성어 따라쓰기

초판 인쇄   2022년 2월 10일
초판 발행   2022년 2월 20일

편저자   시사정보연구원
발행인   권윤삼
발행처   도서출판 산수야

등록번호   제1-1515호
주소   서울시 마포구 월드컵로 165-4
우편번호   03962
전화   02-332-9655
팩스   02-335-0674

ISBN 978-89-8097-556-3   13140

기억력 회복과 인지력 향상을 위한 한자 손글씨

어르신을 위한 고사성어 따라쓰기

시사정보연구원 편저

故 事 成 語

시사패스
SISAPASS.COM

고사성어를 따라 쓰며 기억력을 회복하고 인지력을 높인다

백세 장수 시대를 맞이한 어르신들은 육체 건강 못지않게 두뇌 건강이 중요하다는 사실을 알고 있습니다. 어르신들은 나이가 들면서 사고력과 기억력이 떨어지면 막연하게 치매를 걱정하기도 합니다. 몸은 운동으로 건강하게 관리할 수 있지만 두뇌는 건강하게 관리하기가 쉽지 않기 때문입니다.

한글·한자 손글씨 따라쓰기 책을 꾸준히 출간해 온 시사정보연구원과 시사패스는 두뇌 건강에 손글씨가 미치는 긍정적인 효과에 관심을 가지고 있습니다. 손을 직접 움직이는 행위들이 좌뇌와 우뇌를 활성화시킨다는 많은 연구 자료들을 검토하고 이를 확인하였습니다.

뇌과학 연구 자료들은 손뿐만 아니라 발과 몸의 움직임도 뇌의 활성화와 연관이 있다는 사실을 보여줍니다. 손글씨나 운동처럼 신체의 모든 움직임이 뇌와 연결되어 있기 때문입니다.

아이들이 글을 배울 때 천천히 또박또박 글씨를 쓰면서 익히는 것처럼 어르신들이 글자를 손으로 직접 따라 쓰고 소리 내어 읽으면 기억력 회복과 치매 예방에 많은 도움이 됩니다. 아이들이 한글을 배우듯 어르신들이 글자를 따라 쓰며 두뇌 훈련을 할 수 있도록 시사패스와 시사정보연구원이 『어르신을 위한 고사성어 따라쓰기』를 출간한 것도 그런 이유 때문입니다.

손글씨의 학습효과와 더불어 시사정보연구원이 한글 손글씨 책과 한자 고전 손글씨 책을 기획하고 출간하면서 발견한 손글씨의 효과가 또 있습니다. 여백을 손글씨로 채워나가는 만족감과 성취감이 그것입니다. 유익한 내용을 손글씨로 따라 쓰며 빈칸을 채우거나 여백을 채우는 행위는 자신의 생각을 표현하는 활동입니다.

이런 활동은 어르신들이 손을 직접 움직여 한자를 쓰고 한글을 읽는 동안 대뇌 피질 영역을 자극하고 감정조절에도 도움을 줍니다. 그러므로 『어르신을 위한 고사성어 따라쓰기』 책을 익힘으로써 기억력 회복과 치매 예방뿐만 아니라 지식과 지혜를 얻고 다른 사람들과 소통을 원활하게 유지할 수 있습니다. 어르신이 스스로 책 한 권을 완성하면 얻을 수 있는 유익은 이것 외에도 많지만 무엇보다 독자 여러분이 이 책을 끝까지 학습하여 성취의 즐거움을 누리시길 바랍니다.

어르신들의 기억력 회복과 치매 예방을 위해 기획한 이 책의 특징

• 스스로 연습이 가능한 한자의 기준선 표시

한자의 기준선을 표시하여 어르신 스스로 한자 연습을 할 수 있도록 구성하였습니다. 기준선에 맞추어 신중하게 한자를 쓰는 연습은 두뇌를 활성화합니다.

• 선긋기부터 시작하여 고사성어 익히기

글자쓰기의 기본이 되는 선긋기부터 차근차근 따라 쓸 수 있도록 구성하였습니다. 선긋기와 한자 따라 쓰기는 좋은 두뇌 훈련 과정입니다.

• 고사성어를 실생활에 바로 적용할 수 있도록 익히기

고사성어와 해설을 실어 어르신들이 실생활에 바로 적용할 수 있도록 구성하였습니다. 어릴 때 반복했던 쓰기 연습을 떠올리며 한자를 읽고 쓰는 과정은 어르신의 기억력 회복을 돕습니다.

• 인지력 향상과 치매 예방을 위한 고사성어 손글씨 연습

기억력이 저하되면 치매 걱정이 앞섭니다. 뇌과학자들의 연구에 따르면 손을 움직여 글씨를 쓰는 행위는 기억력과 인지력을 향상시켜 치매 확률을 현저하게 낮춘다고 합니다. 손을 움직이며 고사성어를 천천히 읽고 따라 쓰기를 반복하는 것은 치매 예방을 위한 좋은 두뇌 훈련 과정입니다.

• 글씨 쓰기 준비자세 •

* 모든 활동에는 준비자세가 있습니다

글씨를 쓸 때도 운동을 시작할 때와 같이 준비자세가 필요합니다. 갑자기 운동을 하면 근육이 뭉치거나 긴장하여 다치기 쉬운 것처럼 글씨를 쓸 때도 마음을 차분하게 가다듬고 바른 자세로 앉아서 필기구를 바르게 잡는 것이 중요합니다.

* 글씨를 잘 쓰려면 올바른 필기구 잡는 법을 알아야 합니다

글씨를 쓰기 위해서는 연필이나 펜 등 필기구를 올바르게 잡는 방법을 알아야 합니다. 필기구는 너무 멀리 잡거나 너무 가깝게 잡아도 안 되며, 손에 힘을 너무 많이 주어도 안 됩니다. 또한 지나치게 곧게 세우거나 엄지와 중지 사이에 깊숙하게 잡아서도 안 됩니다.

그렇다면 필기구를 잡는 올바른 방법은 무엇일까요? 필기구는 편안한 자세에서 팔을 공책 위에 자연스럽게 올려서 가운데 손가락으로 받치고 엄지와 검지로 적당히 힘을 줘서 잡는 게 가장 올바른 방법입니다. 지면에 손목을 굳게 붙이면 손가락 끝만으로 쓰게 되므로 손가락 끝이나 손목에 의지하지 말고 팔로 쓰는 듯한 느낌으로 글을 쓰는 게 좋습니다.

* 바른 자세를 익혔다면 선 긋기 연습을 시작합니다

선을 긋는 것은 글자를 쓰기 위한 기초로 손과 손가락의 힘을 조절하고 직선과 사선과 곡선 등의 특징을 익힐 수 있습니다. 이런 과정들은 자신만의 근육운동으로 근육에 저장되고 뇌에도 저장됩니다. 왼쪽에서 오른쪽, 위에서 아래, 오른쪽 위에서 왼쪽 아래로 사선 긋기, 둥글게 그리기, 세모, 네모 등 다양한 모양으로 연습해 보세요.

• 선 긋기 연습 •

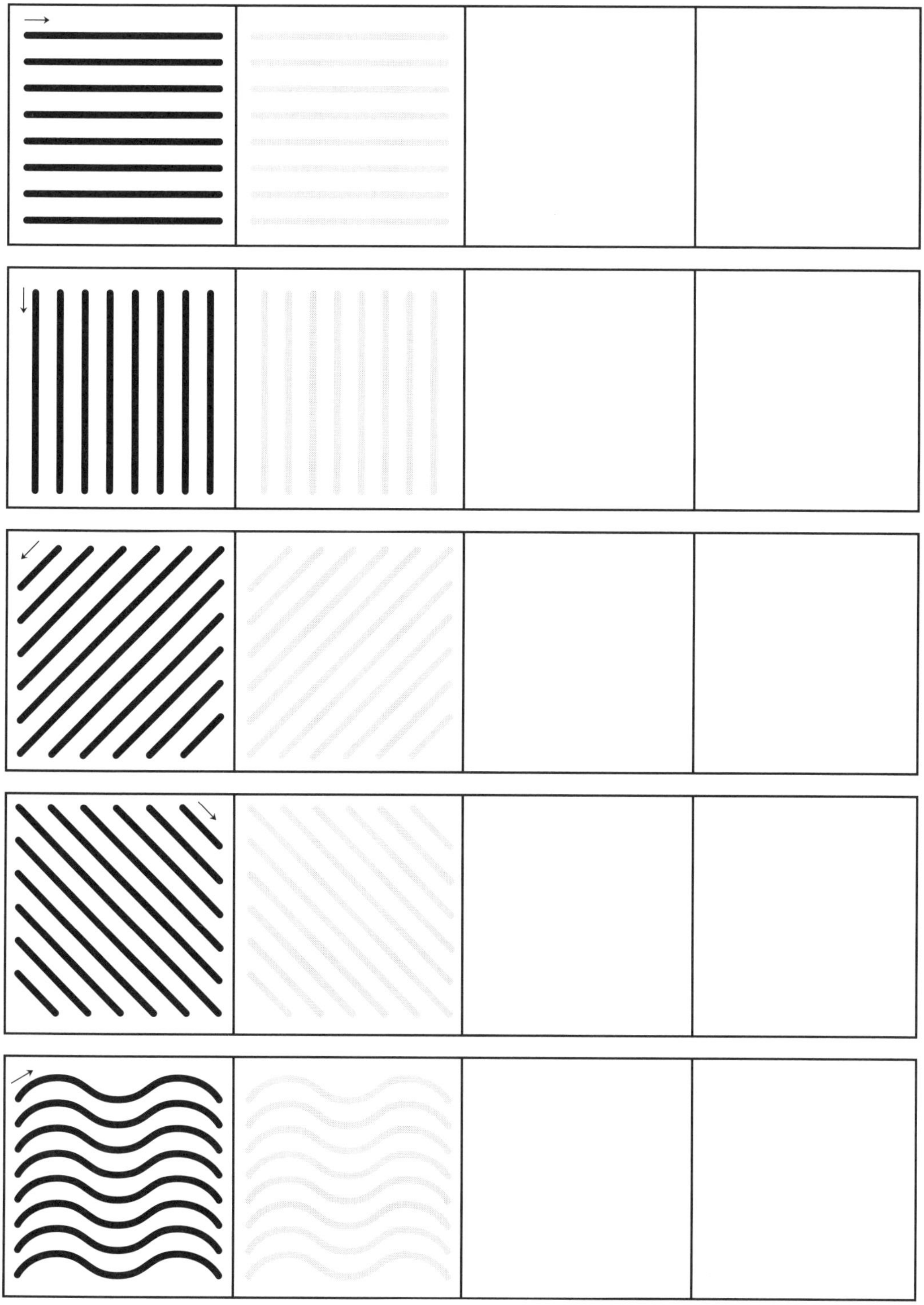

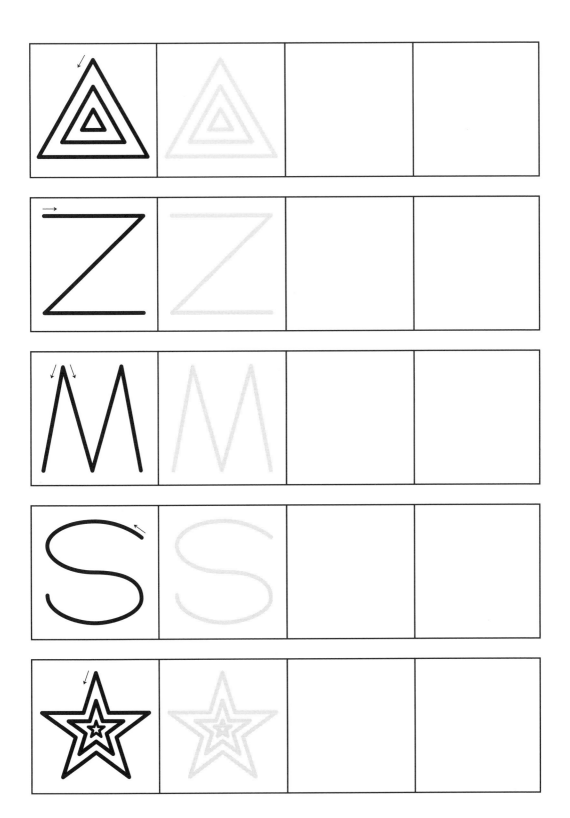

1. 위에서 아래로 쓴다.

言(말씀 언) → 一 二 三 言 言 言 言

雲(구름 운) → 一 厂 戶 币 帀 帀 雨 雪 雪 雲 雲

2. 왼쪽에서 오른쪽으로 쓴다.

江(강 강) → 丶 丶 氵 氵 汀 江 江

例(법식 예) → 丿 亻 亻 亻 俏 何 例 例

3. 가로획과 세로획이 겹칠 때는 가로획을 먼저 쓴다.

用(쓸 용) → 丿 刀 月 月 用

共(함께 공) → 一 十 廿 艹 共 共

4. 삐침과 파임이 만날 때는 삐침을 먼저 쓴다.

人(사람 인) → 丿 人

文(글월 문) → 丶 亠 亠 文

5. 좌우가 대칭될 때에는 가운데를 먼저 쓴다.

小(작을 소) → 亅 小 小

承(받들 승) → 乛 了 承 承 承 承 承 承

6. 둘러 싼 모양으로 된 자는 바깥쪽을 먼저 쓴다.

同(같을 동) → 丨 冂 冂 同 同 同

病(병날 병) → 丶 亠 广 广 疒 疒 疒 病 病 病

7. 글자를 가로지르는 가로획은 나중에 긋는다.

女(여자 녀) → 乚 夊 女

母(어미 모) → 乚 囗 囗 囗 母

8. 글자 전체를 꿰뚫는 세로획은 나중에 쓴다.

車(수레 거) → 一 厂 冂 冃 目 車 車

事(일 사) → 一 二 口 口 耳 事 事 事

9. 책받침(辶, 辶)은 나중에 쓴다

近(원근 근)→ ´ ╯ ᒣ 斤 斤 沂 近

建(세울 건)→ ⊐ ⊐ ⊐ ⊇ ⊇ 聿 建 建

10. 오른쪽 위에 점이 있는 글자는 그 점을 나중에 찍는다.

犬(개 견)→ 一 ナ 大 犬

成(이룰 성)→ ノ 厂 厂 成 成 成

■ 한자의 기본 점(點)과 획(劃)

  (1) 점

    ①「丶」: 왼점　　　　　　②「丶」: 오른점

    ③「丶」: 오른 치킴　　　④「丿」: 오른점 삐침

  (2) 직선

    ⑤「一」: 가로긋기　　　⑥「丨」: 내리긋기

    ⑦「乛」: 평갈고리　　　⑧「亅」: 왼 갈고리

    ⑨「レ」: 오른 갈고리

  (3) 곡선

    ⑩「丿」: 삐침　　　　　⑪「乀」: 치킴

    ⑫「乀」: 파임　　　　　⑬「辶」: 받침

    ⑭「亅」: 굽은 갈고리　⑮「乀」: 지게다리

    ⑯「乚」: 누운 지게다리　⑰「乚」: 새가슴

少②	火④	主	伸	揮⑦	表
① ③	③	⑤	⑥	⑧	⑨
冷⑩	送	乎	式	忠	兄
⑪ ⑫	⑬	⑭	⑮	⑯	⑰

街談巷說

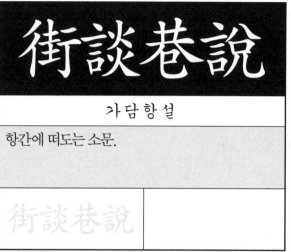

가담항설

항간에 떠도는 소문.

街談巷說

街	街			
거리 **가**	ノ 彳 彳 彳 犴 徍 徍 街			
談	談			
말씀 **담**	亠 言 言 言 言 談 談			
巷	巷			
거리 **항**	一 廾 共 共 共 巷 巷			
說	說			
말씀 **설**	亠 言 言 言 說 說 說			

苛斂誅求

가렴주구

① 가혹하게 착취함.
② 조세를 가혹하게 징수함.

苛斂誅求

苛	苛			
가혹할 **가**	一 十 艹 艹 苎 苛 苛 苛			
斂	斂			
거둘 **렴**,거둘 **염**	人 人 今 合 命 僉 僉 僉 斂 斂 斂			
誅	誅			
벨 **주**	亠 言 言 言 言 言 訁 誅 誅			
求	求			
구할 **구**	一 寸 寸 才 求 求 求			

刻骨難忘

각골난망

은덕을 입은 고마움을 뼛속 깊이 새겨 잊지 않음.
白骨難忘(백골난망)

刻骨難忘

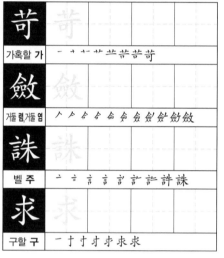

刻	刻			
새길 **각**	亠 亡 亥 亥 亥 刻 刻			
骨	骨			
뼈 **골**	丨 冂 冂 冂 冎 骨 骨			
難	難			
어려울 **난**	一 廿 廿 昔 茣 堇 堇 歎 歎 難 難 難			
忘	忘			
잊을 **망**	丶 亠 亡 忘 忘			

刻舟求劍

각주구검

칼을 강물에 떨어뜨리자 뱃전에 그 자리를 표시했다가 나중에 그 칼을 찾으려 한다는 뜻으로, 융통성이 없고 세상일에 어둡고 어리석다는 뜻.

刻舟求劍

刻 새길 각	一 ナ 亥 亥 亥 亥 刻
舟 배 주	' 丿 力 角 舟 舟
求 구할 구	一 十 寸 寸 求 求 求
劍 칼 검	人 入 合 合 命 命 僉 劍

甘吞苦吐

감탄고토

달면 삼키고 쓰면 뱉는다는 것으로 사리의 옳고 그름을 돌보지 않고 자기 이로울 대로 한다는 말.

甘吞苦吐

甘 달 감	一 十 廿 廿 甘
吞 삼킬 탄	一 二 千 天 天 吞 吞
苦 쓸 고	一 十 廿 廿 쁘 쯔 쓴 苦 苦
吐 토할 토	丨 冂 口 口 吐 吐

甲男乙女

갑남을녀

평범한 사람들.
匹夫匹婦(필부필부), 張三李四(장삼이사)

甲男乙女

甲 갑옷 갑	丨 冂 日 日 甲
男 사내 남	丨 冂 日 田 田 男 男
乙 새 을	乙
女 여자 녀	人 女 女

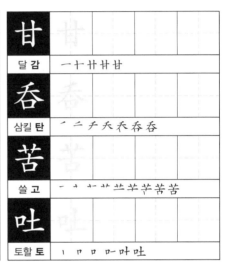

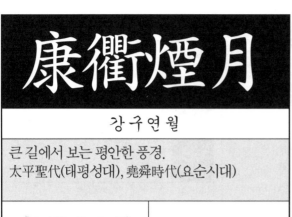

康衢煙月

강구연월

큰 길에서 보는 평안한 풍경.
太平聖代(태평성대), 堯舜時代(요순시대)

康衢煙月

康	편안 강	丶 亠 广 户 户 户 序 序 庚 康 康
衢	네거리 구	彳 彳 彳 彳 徉 徝 徨 徨 徨 衢 衢
煙	연기 연	丶 火 炬 炳 炳 炳 煙
月	달 월	丿 几 月 月

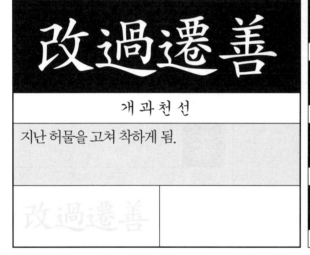

改過遷善

개 과 천 선

지난 허물을 고쳐 착하게 됨.

改過遷善

改	고칠 개	丁 丁 丁 丫 弓 改 改
過	지날 과	丨 冂 冂 咼 咼 周 過 過
遷	옮길 천	一 襾 襾 襾 覀 嬰 䙴 豐 遷 遷
善	착할 선	丷 䒑 羊 羊 善 善 善

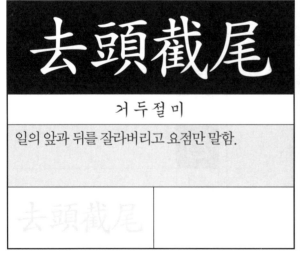

去頭截尾

거 두 절 미

일의 앞과 뒤를 잘라버리고 요점만 말함.

去頭截尾

去	갈 거	一 十 土 去 去
頭	머리 두	丆 亘 豆 豆 頭 頭 頭
截	끊을 절	一 十 丰 查 查 截 截 截
尾	꼬리 미	丁 コ 尸 尸 尸 屋 尾

車載斗量

거재두량

물건을 수레에 싣고 말로 된다는 뜻으로, 아주 흔함의 비유.

車			
수레 **거**	一 ㄷ ㅐ ㅐ 百 百 車		
載			
실을 **재**	一 十 土 吉 吉 車 載 載 載		
斗			
말 **두**	丶 丶 三 斗		
量			
헤아릴 **량**	口 日 旦 昌 昌 昌 量 量		

乾坤一擲

건곤일척

흥망·승패를 걸고 단판 승부를 겨루는 것.
垓下之戰(해하지전)

乾			
하늘 **건**	一 十 古 古 卓 乾 乾		
坤			
땅 **곤**	一 十 土 圢 圳 坤 坤 坤		
一			
한 **일**	一		
擲			
던질 **척**	一 扌 扌 扩 扩 扩 摔 摔 摔 捫 擲 擲		

格物致知

격물치지

① 「대학」에 나오는 말로 6례를 습득하여 지식을 명확히 한다는 말. ② 주자학의 용어로 사물의 이치를 연구하여 후천(後天)의 지식을 명확히 함.

格			
격식 **격**	一 十 木 杉 杉 杉 柊 格 格		
物			
물건 **물**	丿 亻 牛 牛 牛 牛 物 物		
致			
이를 **치**	一 工 工 互 互 至 到 致 致		
知			
알 **지**	丿 丿 知 知 知 知 知		

隔世之感

격세지감

다른 세상으로 바뀐 듯 많은 변화가 있었음의 비유.

隔世之感

隔	隔		
사이 뜰 **격**	` ³ ⻏ ⻏ ⻏ 阿 隔 隔 隔		
世	世		
인간 **세**	一 十 卄 世 世		
之	之		
갈 **지**	` ⺀ 之		
感	感		
느낄 **감**, 한할 **감**	) 厂 厂 厄 咸 咸 感 感		

隔靴搔痒

격화소양

신을 신은 채 가려운 발바닥을 긁음과 같이 일의 효과를 나타내지 못함을 이름.

隔靴搔痒

隔	隔		
사이 뜰 **격**	` ³ ⻏ ⻏ ⻏ 阿 隔 隔 隔		
靴	靴		
신(신발) **화**	一 卄 卄 苫 苫 끂 革 革 靪 靪 靴		
搔	搔		
긁을 **소**	一 寸 扌 扚 扨 扨 搔 搔 搔 搔		
痒	痒		
가려울 **양**	` ⺀ 广 疒 疒 疒 痒 痒		

牽強附會

견강부회

이치에 맞지 않는 말을 억지로 끌어 붙여 자기 주장의 조건에 맞도록 함.
曲學阿世(곡학아세), 指鹿爲馬(지록위마)

牽強附會

牽	牽		
이끌 **견**	` 一 玄 宯 宯 牵 牽 牽		
強	強		
강할 **강**	³ 弓 弜 弨 弨 強 強		
附	附		
붙을 **부**	³ ⻏ 阝 阝 附 附 附		
會	會		
모일 **회**	) 人 ㅅ 今 佘 侖 命 會 會		

犬馬之勞

견마지로

① 자기의 노력을 낮추어 하는 말. ② 임금이나 나라에 충성을 다하는 일. 犬馬之誠(견마지성), 盡忠報國(진충보국), 粉骨碎身(분골쇄신)

犬 개 **견**	一 ナ 大 犬
馬 말 **마**	丨 厂 厂 厍 厍 馬 馬
之 갈 **지**	丶 ㇄ 之
勞 일할 **로**	丶 丶 丷 𱭼 𱭼 𱭼 𱭼 勞

見物生心

견물생심

물건(物件)을 보면 욕심(慾心)이 생긴다는 뜻.

見 볼 **견**	丨 冂 冂 冃 目 目 見
物 물건 **물**	ノ ノ 𤣩 牛 𤇄 牞 物 物
生 날 **생**	ノ ㇏ 二 牛 生
心 마음 **심**	丶 心 心 心

堅忍不拔

견인불발

굳게 참고 버티어 마음을 빼앗기지 아니함.

堅 굳을 **견**	一 厂 刄 刄 臣 𦥑 臤 臤 堅 堅
忍 참을 **인**	フ 刀 刃 忍 忍 忍
不 아닐 **부**, 아닐 **불**	一 フ 不 不
拔 뽑을 **발**	一 扌 扌 扩 拔 拔 拔

結草報恩

결초보은

죽어 혼령이 되어도 은혜를 잊지 않고 갚겠다는 뜻.

結草報恩

結 맺을 결	﹡ 乡 乡 糸 糸 糸 結 結
草 풀 초	一 十 艹 节 苩 苩 草 草
報 갚을 보	一 十 土 圥 幸 幸 幸 軡 報 報
恩 은혜 은	冂 冃 因 因 因 恩 恩

經國濟世

경국제세

나랏일을 경륜(經綸)하고 세상을 구제(救濟)함.

經國濟世

經 지날 경	﹡ 乡 乡 糸 糸 糸 經 經 經
國 나라 국	冂 冂 冂 國 國 國 國
濟 건널 제	氵 氵 浐 浐 渰 濟 濟 濟 濟 濟 濟
世 인간 세	一 十 丗 丗 世

敬而遠之

경이원지

겉으로는 공경하는 체하면서 속으로는 멀리한다는 뜻. '敬遠(경원)' 은 준말.

敬而遠之

敬 공경 경	一 十 艹 艿 苟 苟 苟 敬 敬 敬
而 말 이을 이	一 丆 厂 丙 而 而
遠 멀 원	一 十 土 吉 声 声 幸 袁 读 遠
之 갈 지	丶 亠 之

鷄卵有骨

계란유골

달걀 속에도 뼈가 있다는 뜻으로, 뜻밖에 장애물이 생김을 이르는 말.

鷄卵有骨

鷄 닭 계	鷄	` ´ ` ´ ` ´ ` ´ ` ´ ` ´ ` ´ ` ´ ` ´ 鷄 鷄
卵 알 란	卵	` ´ ` ´ ` ´ ` ´ ` ´ 卵
有 있을 유	有	ノ ナ オ 有 有 有
骨 뼈 골	骨	` ´ ` ´ ` ´ ` ´ ` ´ 骨 骨

股肱之臣

고굉지신

자신의 팔다리같이 믿음직스러워 중하게 여기는 신하.

股肱之臣

股 넓적다리 고	股	ノ 刀 月 月 肝 股 股
肱 팔뚝 굉	肱	ノ 刀 月 肝 肱 肱 肱
之 갈 지	之	` ゝ 之
臣 신하 신	臣	一 丁 五 五 臣 臣

膏粱珍味

고량진미

살찐 고기와 좋은 곡식으로 만든 맛있는 음식.

膏粱珍味

膏 기름 고	膏	` ´ ´ ` 户 高 膏 膏
粱 기장 량	粱	` 氵 氵 氵 沙 沙 沙 涩 涩 粱
珍 보배 진	珍	一 千 王 王 玽 玽 珍 珍
味 맛 미	味	口 口 口 叮 吽 咮 味

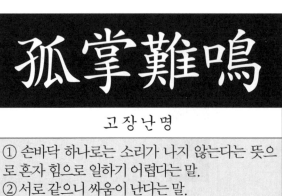

고장난명

① 손바닥 하나로는 소리가 나지 않는다는 뜻으로 혼자 힘으로 일하기 어렵다는 말.
② 서로 같으니 싸움이 난다는 말.

孤				
외로울 고	゛了 了 孑 孑 孤 孤 孤			
掌				
손바닥 장	ヽ ゛ 半 半 党 学 堂 堂 掌			
難				
어려울 난	一 廿 廿 昔 莒 莫 菓 斳 斳 斳 難 難 難			
鳴				
울 명	I 口 叮 叽 唣 鳴 鳴			

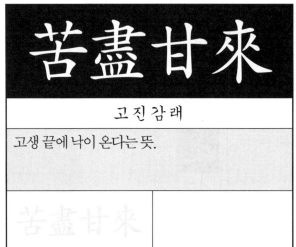

고진감래

고생 끝에 낙이 온다는 뜻.

苦				
쓸 고	一 十 卄 丱 芢 芢 苦 苦			
盡				
다할 진	ㄱ ㅋ 圭 書 書 盡 盡 盡			
甘				
달 감	一 十 卄 丗 甘			
來				
올 래	一 厂 厷 厷 厸 來 來 來			

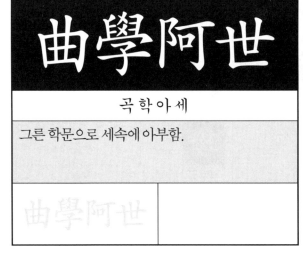

곡학아세

그른 학문으로 세속에 아부함.

曲				
굽을 곡	I 冂 日 由 曲 曲			
學				
배울 학	゛ f f f f f f f 臼 岛 岛 與 學 學			
阿				
언덕 아	゛ ゛ β β゛ β゛ β゛ 阿 阿			
世				
인간 세	一 十 卄 丗 世			

管鮑之交

관포지교

관중과 포숙처럼 친구 사이가 다정함. 莫逆之友
(막역지우), 水魚之交(수어지교), 刎頸之交(문경
지교), 金蘭之交(금란지교), 竹馬故友(죽마고우)

管鮑之交

管 대롱 관	' ⺧ ⺮ 竻 笁 笁 管 管						
鮑 절인 물고기 포	' ⺈ ⺈ 刍 刍 刍 刍 魚 魚 魿 魿 魿 鮑						
之 갈 지	` ⺀ 之						
交 사귈 교	` 亠 六 六 亣 交						

刮目相對

괄목상대

눈을 비비고 다시 보며 상대를 대한다는 뜻으로,
다른 사람의 학문이나 덕행이 크게 진보한 것을
말함.

刮目相對

刮 긁을 괄	' ⺅ 千 千 舌 舌 刮 刮						
目 눈 목	l 冂 冂 月 目						
相 서로 상	一 十 才 木 相 相 相 相 相						
對 대할 대	⺊ ⺊ 业 业 丵 對 對						

矯角殺牛

교각살우

뿔을 고치려다 소를 죽인다는 말로, 작은 일에 힘
쓰다가 오히려 큰 일을 망친다는 뜻.
小貪大失(소탐대실)

矯角殺牛

矯 바로잡을 교	' ⺅ ⺅ 돗 矢 矢 矯 矯 矯 矯 矯						
角 뿔 각	' ⺈ ⺈ 乃 角 角 角						
殺 죽일 살	' ⺅ ⺀ 子 杀 杀 杀 杀 殺 殺 殺						
牛 소 우	' ⺅ 二 牛						

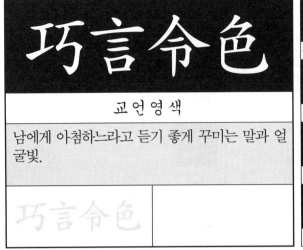

교언영색

남에게 아첨하느라고 듣기 좋게 꾸미는 말과 얼굴빛.

巧言令色

巧 공교할 교	一 丁 丁 巧
言 말씀 언	` 亠 亠 亖 言 言 言
令 하여금 영	丿 人 人 今 令
色 빛 색	丿 夕 夕 夕 色 色

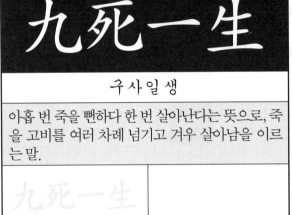

구사일생

아홉 번 죽을 뻔하다 한 번 살아난다는 뜻으로, 죽을 고비를 여러 차례 넘기고 겨우 살아남을 이르는 말.

九死一生

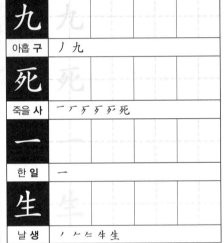

九 아홉 구	丿 九
死 죽을 사	一 ァ 万 歹 死 死
一 한 일	一
生 날 생	丿 ノ 牛 生 生

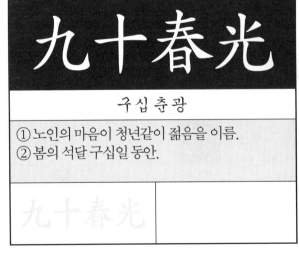

구십춘광

① 노인의 마음이 청년같이 젊음을 이름.
② 봄의 석달 구십일 동안.

九十春光

九 아홉 구	丿 九
十 열 십	一 十
春 봄 춘	一 二 三 丰 夫 表 春 春
光 빛 광	丨 丨 丬 业 半 光 光

九牛一毛

구우일모

아홉 마리 소 가운데 터럭 하나로, 많은 것 가운데 극히 적은 것을 말함.

九					
아홉 구	ノ九				
牛					
소 우	ノ � 二牛				
一					
한 일	一				
毛					
털 모	一 二 三毛				

九折羊腸

구절양장

양의 창자처럼 험하고 꼬불꼬불한 산길. 길이 매우 험함을 이름.

九					
아홉 구	ノ九				
折					
꺾을 절	一 十 扌 扩 打 折 折				
羊					
양 양	丶 丷 ⺷ 兰 兰 羊 羊				
腸					
창자 장	刀 月 肊 胛 肥 腸 腸				

群鷄一鶴

군계일학

닭 무리에 끼여 있는 한 마리의 학이란 뜻으로, 평범한 사람 가운데서 뛰어난 사람.
白眉(백미), 囊中之錐(낭중지추)

群					
무리 군	ㄱ ㄱ ㅋ ⺶ 君 君 群 群 群				
鷄					
닭 계	一 ⺈ 㓝 爫 奚 奚 奚 鷄 鷄 鷄 鷄				
一					
한 일	一				
鶴					
학 학	一 广 犭 犭 雀 雀 雀 雀 鶴 鶴 鶴 鶴				

群雄割據

군웅할거

많은 영웅들이 각각 한 지방(地方)에 웅거(雄據)하여 세력을 과시하며 서로 다투는 상황을 이르는 말.

群雄割據

群			
무리 **군**	フ ㅋ ㅋ ㅋ 尹 君 君 君 群 群		
雄			
수컷 **웅**	ナ ナ 広 妨 妨 雄 雄 雄		
割			
벨 **할**	` 宀 亠 宔 害 害 割		
據			
근거 **거**	一 扌 扌 扩 扩 扩 护 护 捧 據 據		

勸善懲惡

권선징악

선행을 권하고 악행을 벌함.

勸善懲惡

勸			
권할 **권**	一 屮 屮 吀 茾 茻 萑 萑 萑 萑 勸 勸		
善			
착할 **선**	ᅭ 亠 羊 羔 姜 善 善		
懲			
징계할 **징**	彳 彳 彶 徿 徵 徵 懲		
惡			
악할 **악**	一 ㅜ 亞 亞 亞 惡 惡 惡		

捲土重來

권토중래

① 한 번 실패에 굴하지 않고 몇 번이고 다시 일어남. ② 세력을 회복하여 다시 쳐들어옴.
臥薪嘗膽(와신상담), 七顚八起(칠전팔기)

捲土重來

捲			
거둘 **권**	一 扌 扌 扩 护 护 拦 挨 捲		
土			
흙 **토**	一 十 土		
重			
무거울 **중**	一 二 亠 盲 盲 盲 重 重		
來			
올 **래**	一 厂 厂 厂 厂 來 來 來		

近墨者黑

근묵자흑

먹을 가까이 하는 사람은 검어진다는 뜻으로, 나쁜 사람과 사귀면 좋지 않은 버릇에 물들기 쉽다는 말.

近				
가까울 근 `' ㄏ ㄏ ㄤ 近 近`				
墨				
먹 묵 `口 曰 四 里 黑 黑 墨 墨`				
者				
놈 자 `十 土 耂 者 者 者`				
黑				
검을 흑 `口 曰 四 且 里 黑 黑`				

金科玉條

금과옥조

금이나 옥같이 귀중한 법칙이나 규정을 말함.

金				
쇠 금 `丿 人 人 今 全 余 余 金`				
科				
과목 과 `二 千 禾 禾 禾 科 科`				
玉				
구슬 옥 `一 二 千 王 玉`				
條				
가지 조 `丿 亻 亻 仁 伫 攸 修 俢 條`				

錦上添花

금상첨화

좋고 아름다운 것 위에 더 좋은 것을 더한다는 뜻.

錦				
비단 금 `人 上 牟 余 金 金' 釣 鉑 錦 錦`				
上				
윗 상 `丨 上 上`				
添				
더할 첨 `氵 氵 汀 沃 添 添 添`				
花				
꽃 화 `一 十 艹 芍 花 花 花`				

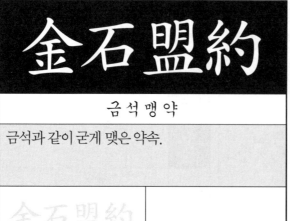

금석맹약

금석과 같이 굳게 맺은 약속.

金石盟約

金			
쇠 **금**	ノ 人 스 仐 仐 余 余 金		
石			
돌 **석**	一 丁 ズ 石 石		
盟			
맹세 **맹**	丨 刀 日 日 明 明 明 明 盟 盟		
約			
맺을 **약**	纟 纟 纟 糸 糸 約 約 約		

금의야행

비단 옷을 입고 밤에 다닌다는 뜻으로, 성공을 했지만 아무런 효과를 내지 못하는 것을 이름.

錦衣夜行

錦			
비단 **금**	ノ 스 々 牟 牟 金' 針 鉑 錦 錦		
衣			
옷 **의**	丶 亠 宀 尹 衣 衣		
夜			
밤 **야**	亠 广 疒 疒 疒 疒 夜 夜		
行			
다닐 **행**	ノ ノ 彳 彳 行 行		

금의환향

비단 옷을 입고 고향으로 돌아온다는 뜻으로, 타향에서 크게 성공하여 자기 집으로 돌아감을 이름.

錦衣還鄉

錦			
비단 **금**	ノ 스 々 牟 牟 金' 針 鉑 錦 錦		
衣			
옷 **의**	丶 亠 宀 尹 衣 衣		
還			
돌아올 **환**	罒 罒 罒 睘 睘 睘 還 還		
鄉			
시골 **향**	ι ≶ ≶ 纟 纫 納 納 鄉 鄉 鄉		

金枝玉葉

금지옥엽

임금의 자손이나 귀한 집안의 귀여운 자손을 일컫는 말.

金枝玉葉

金					
쇠 금	ノ 入 스 수 余 余 金				
枝					
가지 지	十 才 才 木 村 枝 枝				
玉					
구슬 옥	一 二 千 王 玉				
葉					
잎 엽	一 十 廿 世 世 苹 苹 苹 葉 葉				

難兄難弟

난형난제

누구를 형이라 하고 누구를 동생이라 할지 분간하기 어려움. 옳고 그름이나 우열을 가리기 어려움. 莫上莫下(막상막하), 伯仲之勢(백중지세)

難兄難弟

難					
어려울 난	一 廿 廿 苩 莒 莫 莫 剪 剪 難 難 難				
兄					
형 형	ノ 口 口 尸 兄				
難					
어려울 난	一 廿 廿 苩 莒 莫 莫 剪 剪 難 難 難				
弟					
아우 제	丶 丷 쓰 쓰 肖 弟 弟				

南柯一夢

남가일몽

꿈과 같이 헛된 한때의 부귀영화를 일컬음.
一場春夢(일장춘몽), 醉生夢死(취생몽사)

南柯一夢

南					
남녘 남	一 十 广 丙 丙 南 南 南				
柯					
가지 가	一 十 才 木 村 杯 杯 柯 柯				
一					
한 일	一				
夢					
꿈 몽	一 十 世 苎 苧 苗 莭 夢 夢 夢				

男負女戴

남부여대

남자는 지고 여자는 이고 간다는 뜻으로, 가난한 사람이 정처 없이 떠돌아다니며 사는 것을 말함.

男負女戴

男 사내 남	男	丨 冂 冂 冃 田 男 男
負 질 부	負	ク 竹 备 备 自 負 負
女 여자 여	女	乀 女 女
戴 일 대	戴	一 十 土 吉 查 査 查 戴 戴 戴

囊中之錐

낭중지추

주머니 속에 든 송곳과 같이 재주가 뛰어난 사람은 숨어 있어도 저절로 사람들이 알게 됨을 말함.

囊中之錐

囊 주머니 낭	囊	一 宀 宀 宀 声 帝 帝 帝 蠹 蠹 囊 囊
中 가운데 중	中	丨 冂 口 中
之 갈 지	之	丶 之 之
錐 송곳 추	錐	丿 ト 乍 午 金 金 釒 釘 鉗 錐 錐

囊中取物

낭중취물

주머니 속의 물건을 꺼내는 것같이 매우 용이한 일을 말함.

囊中取物

囊 주머니 낭	囊	一 宀 宀 宀 声 帝 帝 帝 蠹 蠹 囊 囊
中 가운데 중	中	丨 冂 口 中
取 가질 취	取	一 丁 丌 丮 耳 取 取
物 물건 물	物	丿 ト 牛 牛 牜 物 物 物

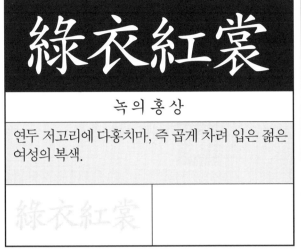

綠衣紅裳

녹의홍상

연두 저고리에 다홍치마, 즉 곱게 차려 입은 젊은 여성의 복색.

綠衣紅裳

綠					
푸를 녹	´ ⺀ ⺽ 糸 紅 紆 紵 絽 綠 綠				
衣					
옷 의	` 亠 ナ 才 衣 衣				
紅					
붉을 홍	´ ⺀ ⺽ 糸 糽 紅 紅				
裳					
치마 상	` ⺌ ⺍ 半 尚 尚 堂 党 常 常 裳				

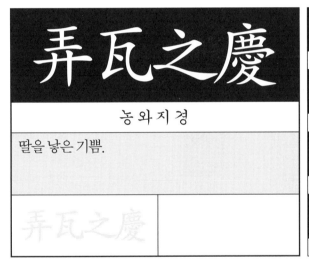

弄瓦之慶

농와지경

딸을 낳은 기쁨.

弄瓦之慶

弄					
희롱할 농	一 二 千 王 玉 王 弄				
瓦					
기와 와	一 丁 瓦 瓦 瓦				
之					
갈 지	` ⺀ 之				
慶					
경사 경	` ⺊ 广 户 声 声 声 虎 廖 廖 慶				

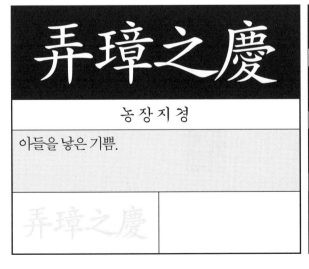

弄璋之慶

농장지경

아들을 낳은 기쁨.

弄璋之慶

弄					
희롱할 농	一 二 千 王 玉 王 弄				
璋					
홀 장	一 二 千 王 王 珍 珍 琇 琉 璋 璋				
之					
갈 지	` ⺀ 之				
慶					
경사 경	` ⺊ 广 户 户 声 声 虎 廖 廖 慶				

簞食瓢飮

단사표음

도시락 밥과 표주박 물, 즉 변변치 못한 음식이라는 말.

簞食瓢飮

簞 소쿠리 단	簞	ノ ノ ゲ ゲ 竹 管 管 篦 筲 箪 簞		
食 먹이 사, 밥 식	食	人 人 今 今 令 食 食		
瓢 바가지 표	瓢	一 丆 叵 两 西 更 更 票 票 瓢 瓢		
飮 마실 음	飮	ノ ノ ゲ ゲ 今 余 食 食 飮 飮		

丹脣皓齒

단순호치

붉은 입술과 흰 이, 곧 아름다운 여자의 얼굴.
傾國之色(경국지색), 絕世佳人(절세가인),
花容月態(화용월태), 月下佳人(월하가인)

丹脣皓齒

丹 붉을 단	丹	ノ 刀 月 丹		
脣 입술 순	脣	一 丆 厂 厈 厇 辰 脣 脣 脣		
皓 흴 호	皓	′ ⺈ 白 白 皓 皓 皓 皓		
齒 이 치	齒	丨 ⺊ ⺊ 止 ⻭ 齿 齿 齒 齒		

達八十

달 팔 십

강태공(姜太公)이 80세에 주무왕(周武王)을 만나 정승이 된 후 80년을 호화롭게 살았다는 말에서 유래되어 호화롭게 사는 것을 뜻함. 窮八十(궁팔십)

達 통달할 달	達	一 十 土 去 幸 幸 幸 達		
八 여덟 팔	八	ノ 八		
十 열 십	十	一 十		
達	八	十		

堂狗風月

당구풍월

무식한 자도 유식한 자와 같이 있으면 다소 감화를 받게 된다는 뜻.

堂狗風月

堂	堂			
집 **당**	`丶丷屵屵告堂堂`			
狗	狗			
개 **구**	`丿丬犭犭犳狗狗狗`			
風	風			
바람 **풍**	`丿几凡凡風風風`			
月	月			
달 **월**	`丿月月月`			

大公無私

대공무사

매우 공정하여 사사로움이 없다는 말로 공적인 일 처리에서 개인감정을 개입시키지 않는다는 뜻.

大公無私

大	大			
큰 대, 클 **대**	`一ナ大`			
公	公			
공평할 **공**	`丿八公公`			
無	無			
없을 **무**	`⺧二無無無無`			
私	私			
사사 **사**	`丿二千禾禾私私`			

大器晩成

대기만성

큰 그릇은 이루어짐이 더디다는 말로, 크게 될 사람은 성공이 늦다는 뜻.

大器晩成

大	大			
큰 대, 클 **대**	`一ナ大`			
器	器			
그릇 **기**	`丶口叩叩哭哭器`			
晩	晩			
늦을 **만**	`丨冂日日′昫昫昚晩`			
成	成			
이룰 **성**	`丿厂厃成成成`			

31

大書特筆

대서특필

특히 드러나게 큰 글자로 적어 표시함.

大書特筆

大 큰대, 클 대	一ナ大	
書 글 서	フつヨ⇒聿書書書	
特 특별할 특	ノ 一 牛 牛 牜 牜 牜 特 特	
筆 붓 필	ノ ⺊ ⺮ 竹 竺 竺 笙 筆 筆	

塗炭之苦

도탄지고

진구렁이나 숯불에 빠졌다는 뜻으로 몹시 고생스러움을 일컫는 말.

塗炭之苦

塗 칠할 도	氵汁沴沴涂涂涂塗塗	
炭 숯 탄	⺌⺊山屵屵炭炭	
之 갈 지	ヽ 宀 之	
苦 쓸 고	一 丬 忄 艹 芊 芊 苦 苦	

棟梁之材

동량지재

기둥이나 들보가 될 만한 훌륭한 인재.

棟梁之材

棟 마룻대 동	一 十 木 朾 朾 椬 椬 棟 棟	
梁 들보 량	氵冫汈汈汊汊梁梁梁	
之 갈 지	ヽ 宀 之	
材 재목 재	一 十 才 木 村 村 材	

東問西答

동문서답

묻는 말에 대하여 아주 엉뚱한 방향으로 대답함.

東				
동녘 **동**	一 厂 厂 曰 百 車 東			
問				
물을 **문**	丨 冂 冂 門 門 問 問			
西				
서녘 **서**	一 厂 冂 丙 西 西			
答				
대답 **답**	𠂉 𠂉 竹 炊 炊 答 答			

同病相憐

동병상련

어려운 처지에 놓인 사람끼리 서로 동정하고 도움.

同				
한가지 **동**	丨 冂 冂 同 同			
病				
병 **병**	广 广 疒 疒 病 病 病			
相				
서로 **상**	一 十 才 木 朴 相 相 相 相			
憐				
불쌍히 여길 **련**	忄 忄 忤 忰 憐 憐 憐 憐 憐			

東奔西走

동분서주

사방으로 바삐 쏘다님.

東				
동녘 **동**	一 厂 厂 曰 百 車 東			
奔				
달릴 **분**	一 ナ 大 夳 本 夲 奔 奔			
西				
서녘 **서**	一 厂 冂 丙 西 西			
走				
달릴 **주**	十 土 丰 走 走 走			

同床異夢

동상이몽

같은 처지·입장에서 저마다 딴 생각을 함.

同床異夢

한자	한글	획순
同	한가지 동	ㅣ ㄇ ㄇ 同 同
床	평상 상	` ᅳ 广 广 庁 床 床
異	다를 이	ㅣ ㅁ 田 ㅂ 畀 畢 異
夢	꿈 몽	一 ㅛ ㅛ 共 苗 苗 莔 莔 夢 夢 夢

得隴望蜀

득롱망촉

중국 한나라 때 광무제가 농(隴)을 정복한 뒤 다시 촉(蜀)을 쳤다는 데서 나온 말로, 끝없는 욕심을 말함.

得隴望蜀

한자	한글	획순
得	얻을 득	㇒ 彳 彳 犭 得 得 得 得
隴	고개 이름 롱	㇌ ㇌ 阝 阝 陜 陼 隋 隋 隆 隴 隴
望	바랄 망	` ㅗ ㅏ 玌 切 玥 玡 望 望 望
蜀	나라 이름 촉	ㅣ ㄇ 罒 罒 罒 罒 蜀 蜀 蜀 蜀

登高自卑

등고자비

①높은 곳에 이르기 위해서는 낮은 곳부터 밟아야 한다는 뜻으로 일을 하는 데 반드시 차례를 밟아야 함. ②지위가 높아질수록 스스로를 낮춘다는 말.

登高自卑

한자	한글	획순
登	오를 등	㇀ ㇀ ㇖ ㇋ 癶 癶 癶 癶 癶 登
高	높을 고	` ㅗ ㅎ 古 古 高 高 高
自	스스로 자	㇒ 亻 白 白 自 自
卑	낮을 비	㇒ ㇒ 白 白 白 白 卑 卑 卑

34

登龍門

등용문

용문(龍門)은 황허 상류의 급류인데, 잉어가 여기에 오르면 용이 된다는 고사에서 비롯된 말로, 출세할 수 있는 지위에 오름을 뜻함.

登	登								
오를 등	㇏ ㇀ ㇁ ㇁ ㇀ 癶 癶 発 登 登								
龍	龍								
용 용	㇀ 亠 育 育 育 龍 龍 龍								
門	門								
문 문	㇑ ㇆ ㇆ 門 門 門								
登	龍	門							

燈下不明

등하불명

등잔 밑이 어둡다는 뜻으로, 가까이 있는 것에 더 어두움을 이르는 말.

燈	燈										
등 등	㇔ ㇔ ㇀ 火 火 火 焓 燈 燈 燈 燈 燈										
下	下										
아래 하	㇐ 丁 下										
不	不										
아닐 불	㇐ ㇇ 丆 不										
明	明										
밝을 명	㇑ 日 日 日 旳 明 明 明										

燈火可親

등화가친

가을이 되어 서늘하면 밤에 등불을 가까이 하여 글 읽기에 좋다는 말.

燈	燈										
등 등	㇔ ㇔ ㇀ 火 火 火 焓 燈 燈 燈 燈 燈										
火	火										
불 화	㇔ ㇔ ㇒ 火										
可	可										
옳을 가	㇐ ㇀ 冂 冋 可										
親	親										
친할 친	㇀ 亠 亠 立 辛 立 亲 新 親 親										

35

馬耳東風

마이동풍

남의 말을 귀담아 듣지 않고 흘려버리는 것을 말함.
우이독경(牛耳讀經)

馬耳東風

馬 말 마	馬	｜ 厂 F F 馬 馬
耳 귀 이	耳	一 T T F 王 耳
東 동녘 동	東	一 𠃌 㑒 甫 亩 申 東
風 바람 풍	風	ｊ 几 凡 凨 風 風 風

莫上莫下

막상막하

실력에 있어 낮고 못함이 없이 비슷함.

莫上莫下

莫 없을 막	莫	一 十 十 艹 艹 芇 苩 甘 莒 莫 莫
上 윗 상	上	｜ ┝ 上
莫 없을 막	莫	一 十 十 艹 艹 芇 苩 甘 莒 莫 莫
下 아래 하	下	一 T 下

莫逆之友

막역지우

매우 친한 벗.

莫逆之友

莫 없을 막	莫	一 十 十 艹 艹 芇 苩 甘 莒 莫 莫
逆 거스릴 역	逆	丶 丷 丷 㝸 弟 兼 逆 逆
之 갈 지	之	丶 丶 之
友 벗 우	友	一 ナ 方 友

萬頃蒼波

만경창파

한없이 넓고 푸른 바다.

萬頃蒼波

萬				
일만 **만**	一 十 艹 芍 芍 芎 萬 萬 萬			
頃				
이랑 **경**	一 匕 匕 匕 顷 頃 頃			
蒼				
푸를 **창**	一 十 艹 艾 芯 芬 莶 莟 蒼			
波				
물결 **파**	冫 冫 冫 汀 泙 波 波			

萬古風霜

만고풍상

사는 동안에 겪은 많은 고생.

萬古風霜

萬				
일만 **만**	一 十 艹 芍 芍 芎 萬 萬 萬			
古				
옛 **고**	一 十 十 古 古			
風				
바람 **풍**	丿 几 几 凨 風 風 風			
霜				
서리 **상**	一 冫 冖 冗 雨 雫 霏 霜 霜			

麥秀之嘆

맥수지탄

기자가 은(殷)이 망한 후 그 폐허에 보리만 자람을 보고 한탄했다는 고사에서 유래되어, 고국(故國)의 멸망을 한탄함을 이르는 말.

麥秀之嘆

麥				
보리 **맥**	一 𠂇 夾 夾 央 麥 麥			
秀				
빼어날 **수**	一 二 千 禾 禾 秀 秀			
之				
갈 **지**	丶 亠 之			
嘆				
탄식할 **탄**	丨 卩 口 口 口 吖 呻 喽 嘆 嘆			

明鏡止水

명경지수

① 거울과 같이 맑고 잔잔한 물.
② 잡념과 허욕이 없이 맑고 깨끗함.

明鏡止水

明 밝을 명	冂 日 日 旧 明 明 明
鏡 거울 경	ノ ト ト 今 全 金 釒 鉉 鏡 鏡 鏡 鏡
止 그칠 지	丨 ㅏ 止 止
水 물 수	丨 刁 水 水

名實相符

명실상부

이름과 실상(實相)이 서로 들어맞음. 알려진 것과 실제의 상황이나 능력에 차이(差異)가 없음.

名實相符

名 이름 명	ノ クタタ名名
實 열매 실	丶 宀 宀 宀 宁 宵 宵 宵 實 實 實
相 서로 상	一 十 才 才 相 相 相 相 相
符 부호 부	ノ 亻 ケ 竹 竹 符 符 符 符

明若觀火

명약관화

불을 보듯 환하게 알 수 있음.

明若觀火

明 밝을 명	冂 日 日 旧 明 明 明
若 같을 약	一 十 ㅗ 并 芦 若 若 若 若
觀 볼 관	一 十 十 艹 芇 萑 萑 藿 藿 觀 觀 觀
火 불 화	丶 丷 少 火

命在頃刻

명재경각

곧 숨이 끊어질 지경에 이름.

命在頃刻

命		
목숨 **명**	ノ 人 人 合 命 命	
在		
있을 **재**	一 ナ 才 右 在 在	
頃		
이랑 **경**	` ヒ ヒ ヒ 叮 叮 頃 頃	
刻		
새길 **각**	一 亠 亥 亥 亥 刻 刻	

矛盾撞着

모순당착

같은 사람의 문장이나 언행이 앞뒤가 서로 어그러져서 모순되는 일.

矛盾撞着

矛		
창 **모**	` ¬ ユ 予 矛	
盾		
방패 **순**	` 厂 厂 厈 盾 盾 盾	
撞		
칠 **당**	一 扌 扌 扩 护 护 拧 搢 搢 撞 撞	
着		
붙을 **착**	ˇ ˇ 兰 羊 养 着 着 着	

目不識丁

목불식정

낫 놓고 기역자도 모를 만큼 무식함을 이름.

目不識丁

目		
눈 **목**	丨 冂 冃 目 目	
不		
아닐 **불**	一 ア 不 不	
識		
알 **식**	` ` 言 言 言 言 訓 詳 詳 識 識 識	
丁		
고무래 **정**	一 丁	

目不忍見

목불인견

차마 눈뜨고 볼 수 없는 참상이나 꼴불견.

目不忍見

目 눈목	｜ 冂 冃 月 目						
不 아닐 불	一 ナ 不 不						
忍 참을 인	フ 刀 刃 忍 忍 忍						
見 볼 견	｜ 冂 冃 月 目 貝 見						

武陵桃源

무릉도원

신선이 살았다는 전설적인 중국의 명승지. 곧 속세를 떠난 별천지를 뜻함.

武陵桃源

武 호반 무	一 二 三 千 千 武 武 武							
陵 언덕 릉	' ⻖ ⻖ ⻖ ⻖ 陸 陸 陸 陵 陵							
桃 복숭아 도	一 十 才 朼 材 杉 机 桃							
源 근원 원	' ; 沪 沪 沪 源 源							

無依無托

무의무탁

의지할 곳이 없음.

無依無托

無 없을 무	⺊ 仁 无 無 無 無					
依 의지할 의	ノ イ 仁 仁 伫 佗 佗 依					
無 없을 무	⺊ 仁 无 無 無 無					
托 맡길 탁	一 十 才 扌 扗 托					

文房四友

문방사우

서재에 꼭 있어야 할 네 벗. 즉 종이(紙)·붓(筆)·벼루(硯)·먹(墨).

文 글월 문	`、一ナ文`				
房 방 방	`、ㅎ戶戶户房房`				
四 넉 사	`丨冂丗四四`				
友 벗 우	`一ナ方友`				

門前成市

문전성시

권세가 높거나 부자가 되어 찾아오는 손님들로 마치 시장을 이룬 것 같음.

門前成市

門 문 문	`丨卩卩閂門門`				
前 앞 전	`、丷艹浐浐前前前`				
成 이룰 성	`丿厂厈成成成`				
市 저자 시	`、亠亠市市`				

門前沃畓

문전옥답

집 앞 가까이에 있는 좋은 논.

門前沃畓

門 문 문	`丨卩卩閂門門`				
前 앞 전	`、丷艹浐浐前前前`				
沃 기름질 옥	`、氵氵汀沃沃`				
畓 논 답	`丿水水沓沓沓畓`				

拍掌大笑

박장대소

손바닥을 치면서 크게 웃음.

拍掌大笑

拍	칠 박	一 十 扌 扌 扩 拍 拍 拍
掌	손바닥 장	⺌ ⺌ 尚 尚 尚 堂 堂 掌
大	큰 대, 클 대	一 ナ 大
笑	웃음 소	ノ ト ト 竺 竺 竺 竽 笑

拔本塞源

발본색원

폐단의 근원을 뿌리뽑아 없애 버림을 뜻함.

拔本塞源

拔	뽑을 발	一 十 扌 扩 扩 扙 拔 拔
本	근본 본	一 十 才 木 本
塞	막힐 색	⼧ 宀 宔 宔 実 実 寒 塞
源	근원 원	⼃ ⼆ 沪 沪 沪 源 源 源

傍若無人

방약무인

언행이 방자한 사람.

傍若無人

傍	곁 방	亻 仲 仲 仲 侉 傍 傍
若	같을 약	一 十 艹 艹 艾 芋 若 若
無	없을 무	⼃ ⼆ 無 無 無 無
人	사람 인	ノ 人

背恩忘德

배은망덕

은혜를 잊고 도리어 배반함.

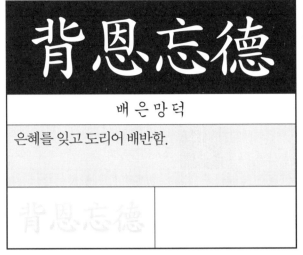

背 배반할 배	ノ ニ ゴ ゴ゙ 北 背 背 背			
恩 은혜 은	冂 冂 因 因 因 恩 恩			
忘 잊을 망	丶 二 亡 忘 忘			
德 덕 덕	彳 彳 彳 徝 徝 德 德			

白骨難忘

백골난망

죽어도 잊지 못할 만큼 큰 은혜를 입음.

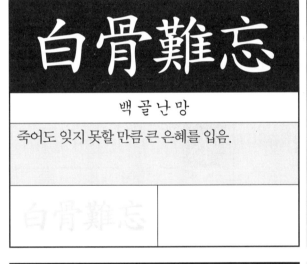

白 흰 백	ノ イ 白 白 白			
骨 뼈 골	丨 冂 冂 凸 骨 骨 骨			
難 어려울 난	一 廿 廿 苩 莒 莫 莫 漢 漢 難 難 難			
忘 잊을 망	丶 二 亡 忘 忘			

百年河淸

백년하청

아무리 세월이 가도 일을 해결할 희망이 없음.

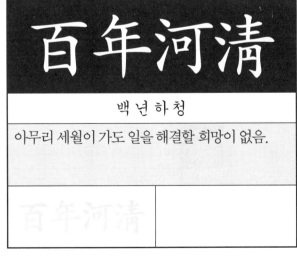

百 일백 백	一 一 一 币 百 百			
年 해 년	ノ ニ 二 午 午 年			
河 물 하	丶 氵 氵 沪 沪 河 河			
淸 맑을 청	丶 氵 氵 沣 洼 淸 淸			

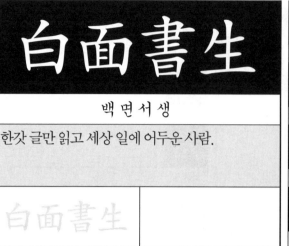

白面書生

백면서생

한갓 글만 읽고 세상 일에 어두운 사람.

白面書生

白			
흰 **백**	`′ ′ ′白白白`		
面			
낯 **면**	`一 一 一 一 面 面 面 面`		
書			
글 **서**	`一 一 一 一 書 書 書 書`		
生			
날 **생**	`′ ′ 二 牛 生`		

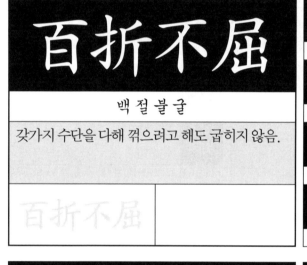

百折不屈

백절불굴

갖가지 수단을 다해 꺾으려고 해도 굽히지 않음.

百折不屈

百			
일백 **백**	`一 一 丆 丆 百 百`		
折			
꺾을 **절**	`一 十 扌 扌 扩 折 折`		
不			
아닐 **불**	`一 丆 不 不`		
屈			
굽힐 **굴**	`一 一 尸 尸 尸 屈 屈 屈`		

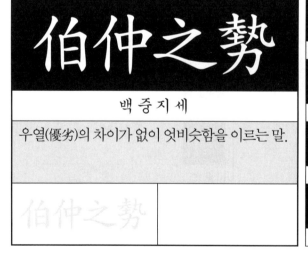

伯仲之勢

백중지세

우열(優劣)의 차이가 없이 엇비슷함을 이르는 말.

伯仲之勢

伯			
맏 **백**	`′ ′ ′ ′ 伯 伯 伯`		
仲			
버금 **중**	`′ ′ ′ ′ 伯 仲`		
之			
갈 **지**	`丶 ㇇ 之`		
勢			
형세 **세**	`一 十 土 圥 幸 刲 刲 執 執 勢 勢`		

覆水不返

복수불반

엎지른 물은 도로 담을 수 없다는 뜻으로, 한번 저질러진 일은 돌이킬 수 없다는 말.

覆 다시 복	一 �覀 �覆 覆 覆 覆	
水 물 수	丿 刀 水 水	
不 아닐 불	一 丆 不 不	
返 돌이킬 반	一 厂 反 反 汳 返	

夫唱婦隨

부창부수

남편이 창(唱)을 하면 아내도 따라 하는 것이 부부 화합의 도(道)라는 의미.
女必從夫(여필종부)

夫 지아비 부	一 二 尹 夫	
唱 부를 창	丨 口 叩 咟 唱 唱 唱	
婦 며느리 부	乀 女 女 女 女 婦 婦 婦 婦	
隨 따를 수	阝 阝 阼 隋 隋 隋 隨 隨	

附和雷同

부화뇌동

제 주견이 없이 남이 하는 대로 그저 무턱대고 따라함.

附 붙을 부	丨 阝 阝 阡 阼 附 附	
和 화할 화	一 二 千 禾 禾 和 和	
雷 우레 뇌	一 厂 戶 币 币 雨 雫 雷 雷 雷 雷	
同 한가지 동	丨 冂 冂 同 同	

粉骨碎身

분골쇄신

뼈가 가루가 되고 몸이 부서지도록 힘을 다하여 일하는 것.

| 粉骨碎身 | |

粉	粉				
가루 **분**	`丶 丷 半 半 米 粉 粉 粉`				
骨	骨				
뼈 **골**	`丨 冂 冂 咼 咼 骨 骨`				
碎	碎				
부술 **쇄**	`一 丆 石 石 矿 矿 碎 碎 碎`				
身	身				
몸 **신**	`丿 亻 冂 阝 自 身 身`				

不問曲直

불문곡직

옳고 그름을 묻지 아니하고 함부로 함.

| 不問曲直 | |

不	不				
아닐 **불**	`一 ナ 不 不`				
問	問				
물을 **문**	`丨 尸 P 門 門 問 問`				
曲	曲				
굽을 **곡**	`丨 冂 曰 由 曲 曲`				
直	直				
곧을 **직**	`一 十 十 古 古 直 直`				

不恥下問

불치하문

자기보다 아랫사람에게 묻는 것을 부끄러워하지 않음.

| 不恥下問 | |

不	不				
아닐 **불**	`一 ナ 不 不`				
恥	恥				
부끄러울 **치**	`丆 F 王 耳 耳 耻 恥`				
下	下				
아래 **하**	`一 丁 下`				
問	問				
물을 **문**	`丨 尸 P 門 門 問 問`				

誹謗之木

비방지목

헐뜯는 나무라는 뜻으로, 백성이 임금에게 고통을 호소하고 소원을 적어 붙인 나무.

誹謗之木

誹 헐뜯을 비	亠言訂訓誹
謗 헐뜯을 방	亠言言誇誇謗謗
之 갈 지	丶丶之
木 나무 목	一十才木

四顧無親

사고무친

의지할 곳 없이 외로움.
孤立無依(고립무의)

四顧無親

四 넉 사	丨冂冂四四
顧 돌아볼 고	丶丶ユ户户雇雇雇雇厂顧顧顧
無 없을 무	仁二無無無無
親 친할 친	丶亠立立亣辛亲亲新親親

四面楚歌

사면초가

한 사람도 도우려는 자가 없이 고립되어 곤경에 처해 있음.

四面楚歌

四 넉 사	丨冂冂四四
面 낯 면	一丆丆而而面面面
楚 초나라 초	一十木材枕枕梵梵楚
歌 노래 가	一丁可可哥哥哥哥歌歌歌

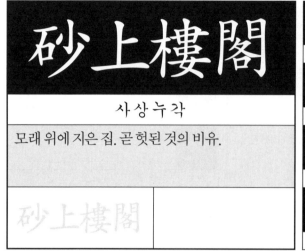

砂上樓閣

사상 누각

모래 위에 지은 집. 곧 헛된 것의 비유.

砂上樓閣

砂	砂			
모래 **사** 一丁石石砂砂				
上	上			
윗 **상** ㅏㅏ上				
樓	樓			
다락 **누** 一十才村村村村桿樓樓樓				
閣	閣			
집 **각** ｌｌｌｌｌｌｌｌｌｌ閣				

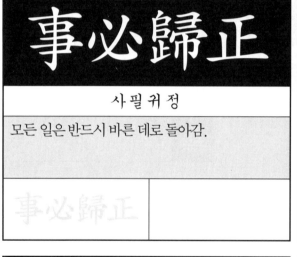

事必歸正

사 필 귀 정

모든 일은 반드시 바른 데로 돌아감.

事必歸正

事	事			
일 **사** 一口曰写写写事				
必	必			
반드시 **필** 丶ソ必必必				
歸	歸			
돌아갈 **귀**				
正	正			
바를 **정** 一丁下正正				

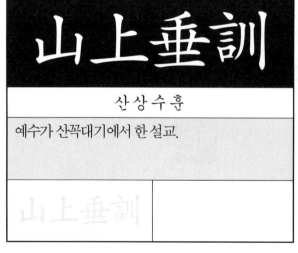

山上垂訓

산 상 수 훈

예수가 산꼭대기에서 한 설교.

山上垂訓

山	山			
메 **산** ｌ山山				
上	上			
윗 **상** ㅏㅏ上				
垂	垂			
드리울 **수** ｨ二千千千垂垂				
訓	訓			
가르칠 **훈** 丶亠言言言訓訓				

山戰水戰

산전수전

세상 일에 경험이 많다는 뜻.

山			
메 **산**	l 凵 山		
戰			
싸움 **전**	＂ ＂ 啞 啞 單 戰 戰		
水			
물 **수**	l 기 水 水		
戰			
싸움 **전**	＂ ＂ 啞 啞 單 戰 戰		

山海珍味

산해진미

산과 바다의 산물(産物)을 다 갖추어 썩 잘 차린 귀한 음식.

山海珍味

山			
메 **산**	l 凵 山		
海			
바다 **해**	` ⺡ 沪 洷 海 海 海		
珍			
보배 **진**	ー ⺄ 王 玠 玠 珍 珍		
味			
맛 **미**	⼞ ⼝ ⼞ 吁 吁 味 味		

殺身成仁

살신성인

자신의 몸을 죽여 인(仁)을 이룬다는 뜻으로, 자기 몸을 희생(犧牲)하여 옳은 도리(道理)를 행함.

殺身成仁

殺			
죽일 **살**	ノ メ ㅈ 주 주 주 糸 쭈 殺 殺 殺		
身			
몸 **신**	′ ⼃ 门 ⼌ 自 身 身		
成			
이룰 **성**	ノ 厂 厉 成 成 成		
仁			
어질 **인**	ノ ⼂ ⼂ 仁		

삼고초려

중국 삼국시대에 촉한의 유비가 제갈 공명을 세 번이나 찾아가 군사(軍師)로 초빙한 데서 나온 말.

三顧草廬

三 석삼	ㅡㅡ三			
顧 돌아볼 고	` ` ㇐ ㇏ 厃 厔 雇 雇 雇 雇 顧 顧 顧			
草 풀초	ㅡ ㅗ ㅛ ㅛ 芦 苦 苗 苴 草			
廬 농막집 려	` 广 广 广 庐 庐 庐 庐 庐 庐 廬 廬 廬			

삼순구식

빈궁하여 먹을 것이 부족함.

三旬九食

三 석삼	ㅡㅡ三			
旬 열흘 순	㇒ ㇉ 勹 旬 旬 旬			
九 아홉 구	㇒ 九			
食 밥식	ㅅ ㅅ 今 今 今 食 食			

삼천지교

맹자의 어머니가 아들의 교육을 위하여 세 번 거처를 옮겼다는 고사로, 생활환경이 교육에 큰 구실을 함을 말함.

三遷之教

三 석삼	ㅡㅡ三			
遷 옮길 천	ㅡ 一 两 两 西 要 要 要 要 遷 遷			
之 갈지	` ㇏ 之			
教 가르칠 교	㇒ ㇏ ㇒ 孝 孝 孝 孝 教 教 教 教			

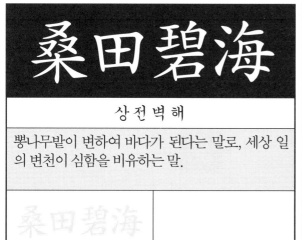

桑田碧海

상전벽해

뽕나무밭이 변하여 바다가 된다는 말로, 세상 일의 변천이 심함을 비유하는 말.

桑	桑			
뽕나무 상	フ ヌ ヌ 叒 叒 柔 桑			
田	田			
밭 전	丨 冂 田 田 田			
碧	碧			
푸를 벽	二 王 珀 珀 碧 碧 碧			
海	海			
바다 해	丶 氵 汇 汇 海 海 海			

塞翁之馬

새옹지마

인간 세상의 길흉화복(吉凶禍福)이 서로 순환되어 뚜렷이 정해진 바가 없는 것을 말함.
轉禍爲福(전화위복)

塞翁之馬

塞	塞			
변방 새	丶 宀 宀 宲 実 寒 寒 塞			
翁	翁			
늙은이 옹	八 公 公 今 翁 翁 翁			
之	之			
갈 지	丶 ㇐ 之			
馬	馬			
말 마	丨 厂 厍 馬 馬 馬			

先見之明

선견지명

앞 일을 미리 판단하는 총명.

先見之明

先	先			
먼저 선	丿 ㇒ 屮 生 步 先			
見	見			
볼 견	丨 冂 冂 月 目 貝 見			
之	之			
갈 지	丶 ㇐ 之			
明	明			
밝을 명	刀 日 日 刞 明 明 明			

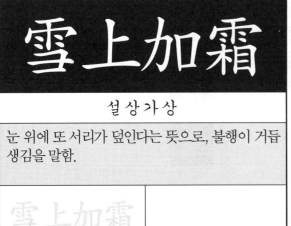

설 상 가 상

눈 위에 또 서리가 덮인다는 뜻으로, 불행이 거듭 생김을 말함.

雪				
눈 **설**	一ㄷ厂币乕乕雪雪雪			
上				
윗 **상**	丨丨上			
加				
더할 **가**	丁力力加加			
霜				
서리 **상**	一ㄷ厂币乕雫雫霜霜霜			

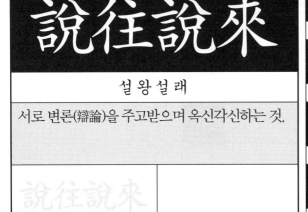

설 왕 설 래

서로 변론(辯論)을 주고받으며 옥신각신하는 것.

說				
말씀 **설**	그ㅋ言言計詳說說			
往				
갈 **왕**	ノノ彳彳行往往			
說				
말씀 **설**	그ㅋ言言計詳說說			
來				
올 **래**	一厂厂厂夾來來			

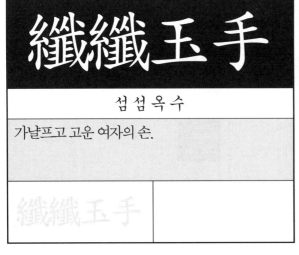

섬 섬 옥 수

가냘프고 고운 여자의 손.

纖				
가늘 **섬**	ㄥㄠㄠㄠㅌ鈋纖纖纖纖纖			
纖				
가늘 **섬**	ㄥㄠㄠㄠㅌ鈋纖纖纖纖纖			
玉				
구슬 **옥**	一二千王玉			
手				
손 **수**	一二三手			

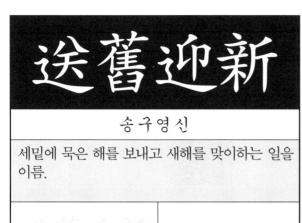

送舊迎新

송구영신

세밑에 묵은 해를 보내고 새해를 맞이하는 일을 이름.

送 보낼 송	八 亠 午 关 诶 送
舊 옛 구	一 艹 艹 苁 苔 舊 舊 舊 舊 舊 舊 舊
迎 맞을 영	丶 ㇉ 卬 卬 㕥 迎 迎
新 새 신	一 立 立 辛 亲 新 新 新

首邱初心

수구초심

여우가 죽을 때 머리를 자기가 살던 굴로 향한다는 말로 고향을 그리워하는 마음.

首邱初心

首 머리 수	丷 丷 产 产 首 首 首
邱 언덕 구	丿 𠂉 丘 丘 丘 邱 邱 邱
初 처음 초	丶 ㇋ 衤 衤 衤 初 初
心 마음 심	丶 心 心 心

壽福康寧

수복강녕

오래 살고 복되며 건강하고 평안함을 이르는 말.

壽福康寧

壽 목숨 수	十 土 丰 耂 耂 耂 壽
福 복 복	二 于 示 示 礻 祁 祜 福 福 福
康 편안 강	丶 广 户 户 庐 庐 庚 康 康 康
寧 편안할 녕	丶 丶 宀 宁 宁 宁 寍 寍 寍 寧

53

袖手傍觀

수수방관

팔짱을 끼고 보고만 있다는 뜻으로, 어떤 일을 당하여 옆에서 보고만 있는 것.

袖手傍觀

袖			
소매 **수**	`ノ`ネ`ネ`ネ`ネ`袖`袖`袖		
手			
손 **수**	´ 二 三 手		
傍			
곁 **방**	ノ ノ´ ノ` ノ` ノ` 傍 傍		
觀			
볼 **관**	´ ` 艹 艹 苬 苬 萑 萑 藋 藋 觀 觀		

誰怨誰咎

수원수구

남을 원망하거나 탓할 게 없음.

誰怨誰咎

誰			
누구 **수**	` ` 言 言 計 計 誰 誰		
怨			
원망할 **원**	ノ ク タ ゲ タ 夗 怨 怨 怨		
誰			
누구 **수**	` ` 言 言 計 計 誰 誰		
咎			
허물 **구**	ノ ク タ 夂 处 处 咎 咎		

脣亡齒寒

순망치한

입술이 없으면 이가 시린 것처럼, 서로 돕던 이가 망하면 다른 한쪽 사람도 함께 위험하다는 뜻.

脣亡齒寒

脣			
입술 **순**	ー 厂 厂 厂 辰 辰 脣 脣 脣		
亡			
망할 **망**	` 亠 亡		
齒			
이 **치**	` 亠 屮 屮 齿 齿 齒 齒		
寒			
찰 **한**	` 宀 宀 宝 宝 実 寒 寒		

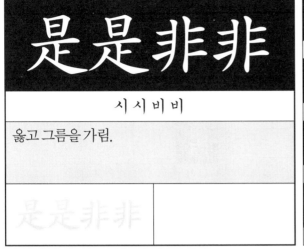

시 시 비 비

옳고 그름을 가림.

是				
이 시	`丶口且早早是是`			
是				
이 시	`丶口且早早是是`			
非				
아닐 비	`丿丿刂킈非非`			
非				
아닐 비	`丿丿刂킈非非`			

시 위 소 찬

재덕(才德)이나 공적(功績)도 없이 높은 자리에 앉아 녹만 받는다는 뜻으로, 자기 직책을 다하지 않음을 이르는 말.

尸位素餐

尸				
주검 시	`フコ尸`			
位				
자리 위	`丿亻亻伫伫位位`			
素				
본디 소	`一一丰圭圭耒耒素素`			
餐				
밥 찬	`丨丨广欠夕夕歺欬欬餈餐餐餐`			

識字憂患

식 자 우 환

아는 것이 탈이라는 말로 학식이 있는 것이 도리어 근심을 사게 됨을 말함.

識字憂患

識				
알 식	`亠言言言言語語諳識識識`			
字				
글자 자	`丶丷宀字宁字`			
憂				
근심 우	`一丆丙百亘亘悳悳悳憂憂憂`			
患				
근심 환	`口口吕吕串患患患`			

身言書判

신언서판

사람됨을 판단하는 네 가지 기준으로, 곧 신수(身手)와 말씨와 문필과 판단력.

身言書判

身	身				
몸 신	´ ′ ′′ ′′ ′ 自 身 身				
言	言				
말씀 언	` ` ′ ′ ′ 言 言 言				
書	書				
글 서	′ ′ ′ ′ ′ 書 書 書 書				
判	判				
판단할 판	′ ′ ′ ′ 半 判 判				

神出鬼沒

신출귀몰

자유자재로 출몰하여 그 변화를 헤아릴 수 없는 일.

神出鬼沒

神	神				
귀신 신	′ ′ ′ ′ ′ 和 和 和 神				
出	出				
날 출	∣ 屮 屮 出 出				
鬼	鬼				
귀신 귀	′ ′ ′ 自 自 鬼 鬼 鬼				
沒	沒				
빠질 몰	` ` ` ∶ 沪 沪 沒				

十匙一飯

십시일반

열 사람이 한 술씩 보태면 한 그릇이 되듯 여럿이 한 사람 돕기는 쉽다는 말.

十匙一飯

十	十				
열 십	一 十				
匙	匙				
숟가락 시	∖ ∩ ∩ 日 旦 早 早 昻 是 是 匙				
一	一				
한 일	一				
飯	飯				
밥 반	′ ′ ′ ′ ′ 自 食 食 飯 飯 飯				

十日之菊

십일지국

국화는 9월 9일이 절정으로, 이미 때가 늦었다는 말.

十		
열십	一十	
日		
날일	ㅣ ㄲ ㅔ 日	
之		
갈지	丶 ㄴ 之	
菊		
국화국	ㅡ 艹 芍 匋 菊 菊 菊	

十日之菊

阿鼻叫喚

아비규환

많은 사람이 지옥 같은 고통을 못 이겨 부르짖는 소리. 심한 참상을 형용하는 말.

阿		
언덕 아	' ㅣ ㅓ 阝 阿 阿 阿 阿	
鼻		
코 비	' 白 鳥 畠 島 鼻 鼻	
叫		
부르짖을 규	ㅣ ㅣ ㅁ 叫 叫	
喚		
부를 환	ㅣ ㅁ 吖 吟 唤 唤 喚 喚	

阿鼻叫喚

我田引水

아전인수

제 논에 물대기. 자기에게만 이롭게 하려는 것.

我		
나 아	' ㄴ ㅓ 手 我 我 我	
田		
밭 전	ㅣ ㄇ ㅁ 田 田	
引		
끌 인	ㄱ ㄱ 弓 引	
水		
물 수	] 丬 水 水	

我田引水

羊頭狗肉

양두구육

양의 머리를 내걸고 개고기를 판다는 뜻. 즉 겉모양은 훌륭하나 속은 변변치 않은 것을 말함.

羊頭狗肉

羊	羊		
양 **양**	丶丷丷푸푸羊羊		
頭	頭		
머리 **두**	一丆亘写豆豆頭頭		
狗	狗		
개 **구**	丿丬犭犭狗狗狗		
肉	肉		
고기 **육**	1 冂内内肉肉		

梁上君子

양상군자

들보 위에 있는 군자라는 뜻으로 도둑을 말함.

梁上君子

梁	梁		
들보 **양**	氵冫汈汈泌梁梁		
上	上		
윗 **상**	1 卜上		
君	君		
임금 **군**	一丮刁尹尹君君		
子	子		
아들 **자**	了了子		

漁夫之利

어부지리

양자(兩者)가 이익을 위하여 서로 다투고 있을 때, 제삼자가 그 이익을 가로채 가는 것을 말함.
犬兎之爭(견토지쟁)

漁夫之利

漁	漁		
고기 잡을 **어**	丶氵汃泠渔漁漁		
夫	夫		
지아비 **부**	一二夫夫		
之	之		
갈 **지**	丶宀之		
利	利		
이로울 **리**	一二千禾禾利利		

言中有骨

言中有骨

언중유골

예사로운 말속에 깊은 뜻이 있는 것을 말함.

言中有骨

言						
말씀 언	`丶亠亠言言言言`					
中						
가운데 중	`丨口口中`					
有						
있을 유	`ノナオ有有有`					
骨						
뼈 골	`丨冂冂冂冎骨骨`					

如反掌

여반장

손바닥을 뒤집는 것 같다는 뜻으로 일하기가 대단히 쉬운 것을 말함.

如反掌

如						
같을 여	`乚乄女女如如`					
反						
돌이킬 반	`一厂反反`					
掌						
손바닥 장	`丷丷꙼꙼堂堂堂掌`					
如	反	掌				

緣木求魚

緣木求魚

연목구어

나무에 올라가 고기를 구하듯 불가능한 일을 하고자 하는 것을 비유하는 말.

緣木求魚

緣						
인연 연	`乡幺糸糸糹糸糹絠絠絠緣緣`					
木						
나무 목	`一十才木`					
求						
구할 구	`一十才才求求求`					
魚						
물고기 어	`ノ个勹召宂召魚魚`					

拈華微笑

염화미소

마음에서 마음으로 전하는 일.
以心傳心(이심전심), 拈華示衆(염화시중)

拈華微笑

拈	집을 염	一 十 扌 扩 扩 扸 拈 拈
華	빛날 화	一 十 艹 芒 苎 莒 苹 華
微	작을 미	′ ⁄ ⁄ ⁄ ⁄ ⁄ 俨 微 微 微 微
笑	웃음 소	′ ⺊ ⺊ 竹 竺 竿 竿 笑

五里霧中

오리무중

짙은 안개 속에서 길을 찾기가 어려운 것같이 일의 갈피를 잡기 어려움을 말함.

五里霧中

五	다섯 오	一 丁 五 五
里	마을 리	丨 口 曰 曰 旦 甲 里
霧	안개 무	一 ⺳ 币 雨 零 零 零 零 霖 霖 霧 霧
中	가운데 중	丨 口 口 中

烏飛梨落

오비이락

우연의 일치로 남의 의심을 받았을 때 하는 말.
'까마귀 날자 배 떨어진다.'

烏飛梨落

烏	까마귀 오	′ ⺊ ⺊ ⼾ 烏 烏 烏 烏
飛	날 비	⺄ ⺄ ⺄ ⻊ ⻊ 飛 飛 飛 飛
梨	배나무 이	′ ⼆ 千 禾 利 利 利 梨
落	떨어질 락	一 十 艹 芢 芠 莎 莎 莈 落 落

吾事畢矣

오사필의

나의 일은 끝났다는 말로 자신의 역할을 다했을 때 사용하는 말.

吾事畢矣

吾 **나 오**	一 T 五 五 吾 吾 吾	
事 **일 사**	一 一 一 百 耳 耳 事	
畢 **마칠 필**	` 丶 口 日 旦 尸 甼 畢	
矣 **어조사 의**	厶 厶 矢 矢 乞 孕 矣	

傲霜孤節

오상고절

서릿발 날리는 추운 때에도 굴하지 않고 외로이 지키는 절개라는 뜻으로, 국화를 두고 하는 말.

傲霜孤節

傲 **거만할 오**	丿 亻 亻 亻 仕 侍 侍 倣 傲 傲	
霜 **서리 상**	一 广 戶 币 乕 乐 乐 霜 霜 霜	
孤 **외로울 고**	了 了 孑 孑 犷 孤 孤 孤	
節 **마디 절**	丿 亇 亇 笁 笁 笁 笌 笋 笋 節 節	

吳越同舟

오월동주

서로 반목하면서도 공통의 곤란이나 이해(利害)에 대하여 협력하는 것을 비유하는 말.

吳越同舟

吳 **성씨 오**	` 口 口 吕 吴 昙 吳	
越 **넘을 월**	一 + 土 + 走 走 走 赺 越 越	
同 **한가지 동**	丨 冂 冂 同 同 同	
舟 **배 주**	' 丿 力 力 舟 舟	

烏合之衆

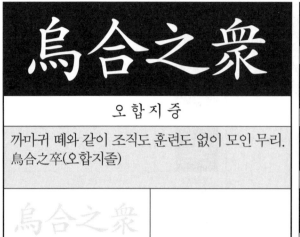

오합지중

까마귀 떼와 같이 조직도 훈련도 없이 모인 무리.
烏合之卒(오합지졸)

烏合之衆

烏	烏				
까마귀 **오**	㇒ ㇀ 户 户 户 烏 烏 烏 烏				
合	合				
합할 **합**	ノ 人 亼 亼 合 合				
之	之				
갈 **지**	` ㇇ 之				
衆	衆				
무리 **중**	′ 白 血 血 衆 衆 衆				

溫故知新

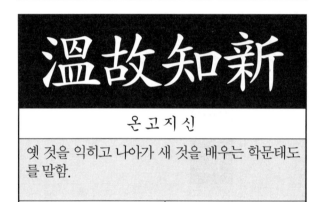

온고지신

옛 것을 익히고 나아가 새 것을 배우는 학문태도를 말함.

溫故知新

溫	溫				
따뜻할 **온**	氵 氵 氵 氵 溫 溫 溫				
故	故				
연고 **고**	一 十 古 古 古 古 故 故				
知	知				
알 **지**	ノ ㇀ 乍 矢 矢 知 知				
新	新				
새 **신**	亠 立 立 亲 亲 新 新				

臥薪嘗膽

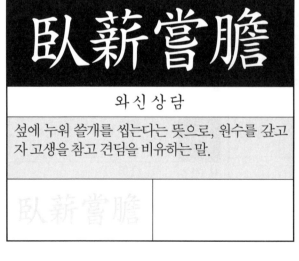

와신상담

섶에 누워 쓸개를 씹는다는 뜻으로, 원수를 갚고자 고생을 참고 견딤을 비유하는 말.

臥薪嘗膽

臥	臥				
누울 **와**	一 丅 ㇆ 五 子 臣 臥 臥				
薪	薪				
섶 **신**	一 ⺾ ⺾ 艹 艹 芏 苹 荤 萃 薪 薪 薪				
嘗	嘗				
맛볼 **상**	｜ ⺌ 尚 尚 嘗 嘗 嘗 嘗 嘗				
膽	膽				
쓸개 **담**	刀 月 肝 肝 胪 膽 膽 膽 膽				

樂山樂水

요산요수

지자요수 인자요산(知者樂水 仁者樂山)의 준말. 지혜 있는 자는 물을 좋아하고, 어진 자는 산을 좋아한다는 말.

樂山樂水

樂				
좋아할 요	′ ′′ ′′ ′′′ 綽 綽 綽 樂 樂			
山				
메 산	ㅣ 山 山			
樂				
좋아할 요	′ ′′ ′′ ′′′ 綽 綽 綽 樂 樂			
水				
물 수	↓ 기 水 水			

龍頭蛇尾

용두사미

처음에는 그럴 듯하다가 끝이 흐지부지되는 것.

龍頭蛇尾

龍				
용 용	′ 立 亨 亨 肯 肯 龍 龍			
頭				
머리 두	′ 戸 豆 豇 豆´頭 頭 頭			
蛇				
긴 뱀 사	口 口 中 虫 虫´ 虫´ 蛇 蛇 蛇			
尾				
꼬리 미	ˊ ˋ 尸 尸 尸 尾 尾			

類萬不同

유만부동

① 비슷한 것들은 수만 가지가 있어도 같지는 않다는 뜻으로, 모든 것이 서로 같지 아니함을 뜻하는 말. ② 정도에 넘침. 분수에 맞지 않음.

類萬不同

類				
무리 유	′ ′´ ` ` ` ` ` ` 類 類			
萬				
일만 만	′ ′´ ′´ 节 节 萬 萬 萬			
不				
아닐 부	ˊ ˊ 不 不			
同				
한가지 동	ㅣ 冂 冂 同 同			

唯我獨尊

유아독존

세상에서 오직 자신만이 훌륭하다, 자기만 잘 났다고 자부(自負)하는 독선적인 태도의 비유.

唯我獨尊

唯	唯				
오직 유	ㅁ ㅁ ㅁㅛ ㅁㅒ 唯 唯 唯				
我	我				
나 아	ㄱ 二 千 手 我 我 我				
獨	獨				
홀로 독	ㄱ ㄱ ㅓ 犭 犵 犵 猵 猵 獨 獨				
尊	尊				
높을 존	ㄱ 八 八 竹 肖 肖 酋 酋 尊 尊				

流言蜚語

유언비어

아무 근거 없이 널리 떠돌아다니는 소문.

流言蜚語

流	流				
흐를 유	ㄱ 汀 汁 法 浐 流 流				
言	言				
말씀 언	ㄱ 二 二 言 言 言 言				
蜚	蜚				
바퀴 비	ㄱ ㅋ 킈 非 非 非 蜚 蜚 蜚				
語	語				
말씀 어	二 言 言 訂 語 語 語				

類類相從

유유상종

동류(同類)끼리 서로 왕래하며 사귐.
草綠同色(초록동색)

類類相從

類	類				
무리 유	ㅛ ㅛ 米 米 米 类 类 粁 斯 類 類				
類	類				
무리 유	ㅛ ㅛ 米 米 米 类 类 粁 斯 類 類				
相	相				
서로 상	一 十 才 木 相 相 相 相 相				
從	從				
좇을 종	ㄱ 彳 彳^ 彳从 彳从 從				

吟風弄月		
음풍농월		
맑은 바람과 밝은 달을 벗삼아 시를 짓고 즐김.		

吟 읊을 음	` ̄ ̄ ̄ ㅁ ㅁ' ㅁ/ 吟 吟 吟
風 바람 풍	ノ 几 凡 凡 凬 風 風
弄 희롱할 농	一 二 干 王 王 手 弄
月 달 월	ノ 月 月 月

應對如流		
응대여류		
응대하는 말이 매우 유창하거나 사물의 처리가 매우 신속함.		

應 응할 응	` 广 广 广 庐 庐 庐 庐 庐 庐 應 應
對 대할 대	′′ ′l′ ′l′′ 业 毕 對 對
如 같을 여	〈 女 女 如 如 如
流 흐를 류(유)	氵 氵 氵 氵 氵 流 流

移木之信		
이목지신		
위정자(爲政者)가 나무 옮기기로 백성을 믿게 한다는 뜻으로, 신용을 지킴을 이르는 말.		

移 옮길 이	千 禾 禾 移 移 移 移
木 나무 목	一 十 才 木
之 갈 지	` ㇇ 之
信 믿을 신	ノ イ 亻 信 信 信 信

65

以心傳心

이심전심

말이나 글을 쓰지 않고 마음에서 마음으로 전한다는 말로, 곧 마음으로 이치를 깨닫게 한다는 뜻. 拈華示衆(염화시중)

以心傳心

以	써 이	` ﾉ ﾉﾞ 以 以		
心	마음 심	` 心 心 心		
傳	전할 전	ﾉ 亻 亻 亻 亻 俥 俥 俥 傳 傳		
心	마음 심	` 心 心 心		

二律背反

이율배반

서로 모순되는 명제(命題)가 동등하게 주장되는 일.

二律背反

二	두 이	ー 二		
律	법칙 율	` ﾉ 彳 彳 彳 律 律 律		
背	배반할 배	` ﾉ ﾄ ﾄ 北 背 背 背		
反	돌이킬 반	ー 厂 反 反		

益者三友

익자삼우

사귀어 이로운 세 벗. 즉 정직한 사람, 신의(信義) 있는 사람, 학식 있는 사람.

益者三友

益	더할 익	` 八 公 公 谷 谷 益 益		
者	놈 자	ﾅ ﾅ 耂 者 者 者		
三	석 삼	ー 二 三		
友	벗 우	ー ナ 方 友		

因果應報

인과응보

좋은 일에는 좋은 결과가, 나쁜 일에는 나쁜 결과가 따른다는 말.

因果應報

因						
인할 **인**	丨冂冂冈冈因					
果						
실과 **과**	丨冂曰曰旦早果果					
應						
응할 **응**	丶广广广广庐庐庐雁雁雁應應					
報						
갚을 **보**	一十土キ井赤幸幸'幸¹報報報					

日久月深

일구월심

세월(歲月)이 흐를수록 바라는 마음이 더욱 간절해짐.

日久月深

日						
날 **일**	丨冂月日					
久						
오랠 **구**	丿ク久					
月						
달 **월**	丿刀月月					
深						
깊을 **심**	氵氵沪沪泙泙深深					

一魚濁水

일어탁수

물고기 한 마리가 물을 흐리게 하듯 한 사람의 악행(惡行)으로 인하여 여러 사람이 그 해를 받게 되는 것.

一魚濁水

一						
한 **일**	一					
魚						
물고기 **어**	丿ク召名鱼鱼魚魚					
濁						
흐릴 **탁**	氵氵沪沪濁濁濁濁					
水						
물 **수**	丨刀水水					

一日三秋

일일삼추

하루가 3년처럼 길게 느껴짐. 즉 몹시 애태우며 기다림.

一日三秋

		한자	쓰기			
一						
한 **일**	一					
日						
날 **일**	ㅣ 冂 冃 日					
三						
석 **삼**	一 二 三					
秋						
가을 **추**	一 二 千 禾 禾 禾 秒 秋					

一場春夢

일장춘몽

인생의 영화(榮華)는 한바탕의 봄 꿈과 같이 헛됨.

一場春夢

一						
한 **일**	一					
場						
마당 **장**	一 圢 圢 圢 坦 塴 場					
春						
봄 **춘**	一 二 三 三 夹 夫 表 春 春					
夢						
꿈 **몽**	一 十 艹 节 苗 苗 莭 夢 夢 夢					

日就月將

일취월장

나날이 다달이 진보함. 날로 진보하여 감.

日就月將

日						
날 **일**	ㅣ 冂 冃 日					
就						
나아갈 **취**	一 亠 亠 亍 京 京 尌 就 就					
月						
달 **월**	丿 月 月 月					
將						
장차 **장**, 장수 **장**	ㅣ 丬 丬 丬 刋 牁 牁 將 將					

一筆揮之

일 필 휘 지

단숨에 글씨나 그림을 힘차게 쓰거나 그리는 것.

一筆揮之

一 한 **일**	一		
筆 붓 **필**	ノ ァ ゲ 竹 竺 笃 笃 筝 筆		
揮 휘두를 **휘**	一 十 扌 扩 扩 捐 捐 揎 揮		
之 갈 **지**	ヽ ラ 之		

自家撞着

자 가 당 착

같은 사람의 문장이나 언행이 앞뒤가 서로 어그러져서 모순되는 일.
矛盾撞着(모순당착)

自家撞着

自 스스로 **자**	′ ſ ή 白 白 自		
家 집 **가**	′ ウ ウ ウ ウ 宇 家 家		
撞 칠 **당**	一 十 扌 扌 扩 护 拧 撞 撞 撞		
着 붙을 **착**	゛ ゛ 羊 羊 着 着 着		

自繩自縛

자 승 자 박

제 새끼줄로 제 목 매기. 곧 자기 행동으로 말미암아 자기가 괴로움을 받게 된다는 뜻.
自業自得(자업자득)

自繩自縛

自 스스로 **자**	′ ſ ή 白 白 自		
繩 노끈 **승**	ㄴ 纟 糸' 糸" 紆 紿 繩 繩 繩 繩		
自 스스로 **자**	′ ſ ή 白 白 自		
縛 얽을 **박**	ㄠ 乡 糸 糺 糾 紳 紳 縛 縛 縛		

自畵自讚

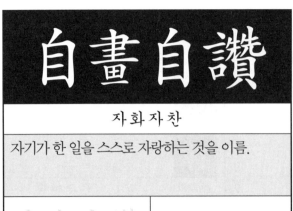

자화자찬

자기가 한 일을 스스로 자랑하는 것을 이름.

自畵自讚

自	自
스스로 자	′ 亻 白 白 自 自
畵	畵
그림 화	一 二 三 三 聿 聿 書 書 書 畵 畵
自	自
스스로 자	′ 亻 白 白 自 自
讚	讚
기릴 찬	言 言 言 言 言 言 訁 詵 譜 讚

張三李四

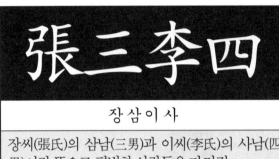

장삼이사

장씨(張氏)의 삼남(三男)과 이씨(李氏)의 사남(四男)이란 뜻으로 평범한 사람들을 가리킴.

張三李四

張	張
베풀 장	乛 弓 弖 弡 弫 張 張
三	三
석 삼	一 二 三
李	李
오얏 이	一 十 才 木 本 李 李
四	四
넉 사	丨 冂 冂 四 四

賊反荷杖

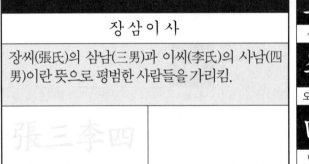

적반하장

도둑이 도리어 매를 든다는 뜻으로, 잘못한 사람이 도리어 잘한 사람을 나무라는 경우에 쓰는 말.

賊反荷杖

賊	賊
도둑 적	目 貝 貝 貯 賊 賊 賊
反	反
돌이킬 반	一 厂 反 反
荷	荷
멜 하	一 十 艹 艹 芢 芢 荷 荷
杖	杖
지팡이 장	一 十 木 木 杖 杖

赤手空拳

적수공권

맨손과 맨주먹. 곧 아무것도 가진 것이 없음.

赤手空拳

赤 붉을 적	一十土土赤赤赤
手 손 수	一二三手
空 빌 공	丶宀宀宀空空空
拳 주먹 권	丷丷半半关关拳拳

戰戰兢兢

전전긍긍

어떤 일 또는 사람에 맞닥뜨려 매우 두려워하여 겁냄을 나타냄.

戰戰兢兢

戰 싸움 전	丷丷門罒單戰戰
戰 싸움 전	丷丷門罒單戰戰
兢 떨릴 긍	一十古克克萨萨兢
兢 떨릴 긍	一十古克克萨萨兢

轉禍爲福

전화위복

화(禍)를 바꾸어 복으로 한다는 뜻이니, 궂은 일을 당했을 때 그것을 잘 처리해서 좋은 일이 되게 하는 것.

轉禍爲福

轉 구를 전	一一亘車車軒軒軒轉轉
禍 재앙 화	二丁示和禍禍禍
爲 할 위	丶爫爫尸尸爲爲爲
福 복 복	二丁示和和福福福福

71

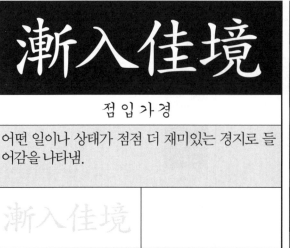

점입가경

어떤 일이나 상태가 점점 더 재미있는 경지로 들어감을 나타냄.

漸入佳境

漸 점점 점	氵氵氵泸泸浒漸漸
入 들 입	丿入
佳 아름다울 가	亻亻亻仁仹佳佳佳
境 지경 경	土土圹圹培境境

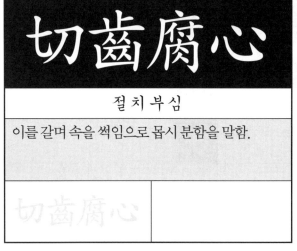

절치부심

이를 갈며 속을 썩임으로 몹시 분함을 말함.

切齒腐心

切 끊을 절	一七切切
齒 이 치	丨止止牛告齿齿齒
腐 썩을 부	广广府府府腐腐
心 마음 심	丶心心心

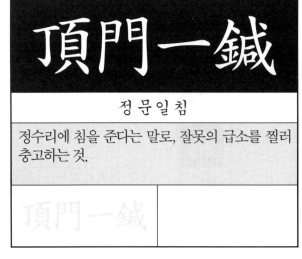

정문일침

정수리에 침을 준다는 말로, 잘못의 급소를 찔러 충고하는 것.

頂門一鍼

頂 정수리 정	一丁丆顶顶頂頂
門 문 문	丨冂冂冎門門
一 한 일	一
鍼 침 침	人上牛牟牟金釒釒鈝鍼鍼鍼

井底之蛙

정저지와

견문이 좁고 세상 형편을 모름. '우물 안 개구리'

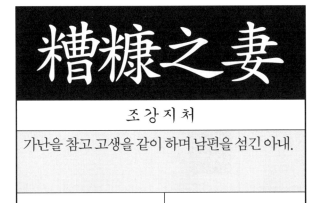

井				
우물 **정**	一 二 廾 井			
底				
밑 **저**	一 广 产 庐 庐 底 底			
之				
갈 **지**	丶 宀 之			
蛙				
개구리 **와**	口 中 虫 虹 虯 蚌 蛙 蛙 蛙			

糟糠之妻

조강지처

가난을 참고 고생을 같이 하며 남편을 섬긴 아내.

糟				
지게미 **조**	丷 丷 廾 米 米 粘 糟 糟 糟 糟			
糠				
겨 **강**	丷 丷 廾 米 米 扩 扩 扩 糠 糠 糠			
之				
갈 **지**	丶 宀 之			
妻				
아내 **처**	一 彐 彐 圭 妻 妻 妻			

朝令暮改

조령모개

법령을 자꾸 바꿔서 종잡을 수 없음을 비유하는 말. 朝變夕改(조변석개)

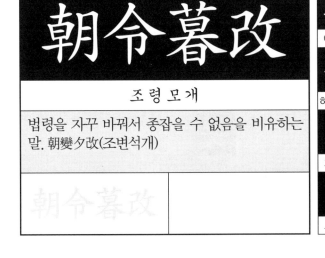

朝				
아침 **조**	十 古 古 卓 軩 朝 朝			
令				
하여금 **령**	丿 人 𠆢 今 令			
暮				
저물 **모**	一 艹 艹 甘 苩 苩 莫 莫 暮 暮			
改				
고칠 **개**	丁 弓 己 己 改 改 改			

朝三暮四

조삼모사

① 간사한 꾀로 사람을 속여 희롱함. ② 눈앞에 당장 나타나는 차별만을 알고 그 결과가 같음을 모름. 姑息之計(고식지계)

朝三暮四

朝					
아침 조	十 古 古 卓 朝 朝 朝				
三					
석 삼	一 二 三				
暮					
저물 모	一 十 艹 艹 苩 苩 莫 莫 莫 暮				
四					
넉 사	丨 冂 冖 四 四				

左顧右眄

좌고우면

좌우를 자주 둘러본다는 뜻으로, 무슨 일을 얼른 결정짓지 못함을 비유.

左顧右眄

左					
왼 좌	一 ナ 左 左 左				
顧					
돌아볼 고	丶 戶 戶 戶 雇 雇 雇 庫 顧 顧 顧				
右					
오른쪽 우	ノ ナ 才 右 右				
眄					
곁눈질할 면	丨 丨 目 盯 盯 盱 眄				

坐不安席

좌불안석

마음에 불안이나 근심 등이 있어 한자리에 오래 앉아 있지 못함.

坐不安席

坐					
앉을 좌	ノ 人 ㅆ 坐 坐 坐				
不					
아닐 불	一 丆 不 不				
安					
편안 안	丶 宀 宀 安 安				
席					
자리 석	一 广 广 庐 庐 席 席				

左之右之

좌지우지

① 제 마음대로 자유롭게 처리함.
② 남을 마음대로 부림.

	획순				
左 왼 **좌**	一ナナ左左				
之 갈 **지**	丶ㇼ之				
右 오른쪽 **우**	ノナ右右右				
之 갈 **지**	丶ㇼ之				

主客顚倒

주객전도

주인은 손님처럼 손님은 주인처럼 각각 행동을 바꾸어 한다는 것으로 입장이 뒤바뀐 것을 나타냄. 本末顚倒(본말전도)

	획순								
主 주인 **주**	丶亠二主主								
客 손 **객**	丶丷宀宀宓安客								
顚 엎드러질 **전**	丶匕忄冒直直眞顚顚顚								
倒 넘어질 **도**	ノイ仁伝佈倒倒								

走馬加鞭

주마가편

달리는 말에 채찍을 더한다는 말로, 잘하는 사람에게 더 잘하도록 하는 것.

	획순									
走 달릴 **주**	十土キキ走走									
馬 말 **마**	丨厂厂厓馬馬									
加 더할 **가**	フカ加加加									
鞭 채찍 **편**	一廿廿븝革革靯靯靯鞭鞭									

走馬看山

주마간산

말을 달리면서 산을 본다는 말로 자세히 보지 못하고 지나침을 뜻함.

走馬看山

走	走			
달릴 주	+ 土 キ キ 圭 走 走			
馬	馬			
말 마	1 厂 厂 严 馬 馬			
看	看			
볼 간	二 チ 乑 看 看 看 看			
山	山			
메 산	1 山 山			

酒池肉林

주지육림

호화를 극한 술잔치로, 방탕하고 사치스러운 생활을 뜻함.

酒池肉林

酒	酒			
술 주	丶 丶 氵 沪 沔 酒 酒 酒			
池	池			
못 지	丶 丶 氵 沖 池 池			
肉	肉			
고기 육	1 冂 冈 内 肉 肉			
林	林			
수풀 림	十 才 才 木 村 村 林			

竹馬故友

죽마고우

죽마를 타고 놀던 벗, 곧 어릴 때 같이 놀던 친한 친구.

竹馬故友

竹	竹			
대 죽	丿 丿 丿 仦 仦 竹			
馬	馬			
말 마	1 厂 厂 严 馬 馬			
故	故			
연고 고	一 十 古 古 古 故 故 故			
友	友			
벗 우	一 ナ 方 友			

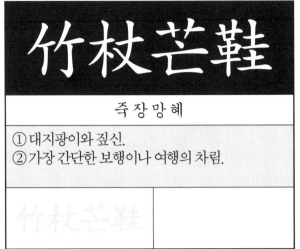

竹杖芒鞋

죽장망혜

① 대지팡이와 짚신.
② 가장 간단한 보행이나 여행의 차림.

竹杖芒鞋

竹					
대 **죽**	ノ ノ ヶ ヶ ヶ 竹				
杖					
지팡이 **장**	一 十 木 村 杖 杖				
芒					
까끄라기 **망**	一 十 ヤ 艸 芒 芒				
鞋					
신 **혜**	一 廿 廿 苎 革 革 鞋 鞋 鞋				

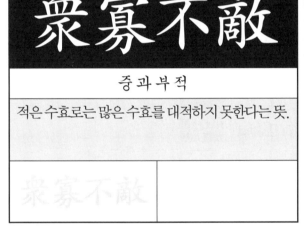

衆寡不敵

중과부적

적은 수효로는 많은 수효를 대적하지 못한다는 뜻.

衆寡不敵

衆					
무리 **중**	′ 宀 血 血 罘 界 衆				
寡					
적을 **과**	′ 宀 宀 宀 宀 宵 宵 宲 寡 寡				
不					
아닐 **부**	一 ブ ォ 不				
敵					
대적할 **적**	亠 宀 冇 冏 帝 商 商 商 敵 敵 敵				

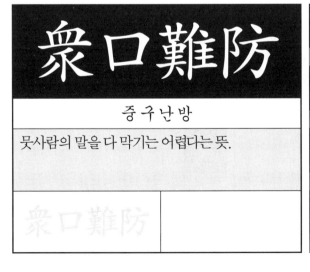

衆口難防

중구난방

뭇사람의 말을 다 막기는 어렵다는 뜻.

衆口難防

衆					
무리 **중**	′ 宀 血 血 罘 界 衆				
口					
입 **구**	丨 冂 口				
難					
어려울 **난**	一 廿 廿 昔 芦 莫 莫 莫 菓 難 難 難				
防					
막을 **방**	′ ョ 阝 阝 阡 防 防				

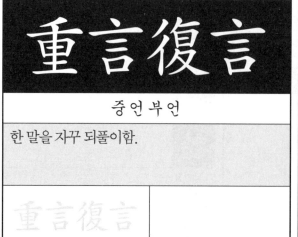

重言復言

증언부언

한 말을 자꾸 되풀이함.

重 무거울 중	重	一 二 亡 亡 盲 盲 重 重			
言 말씀 언	言	、 一 亡 亡 言 言 言			
復 다시 부	復	´ 彳 彳 彳 徇 徇 徇 復			
言 말씀 언	言	、 一 亡 亡 言 言 言			

中原逐鹿

증원축록

중원은 중국 또는 천하(天下)를 말하며, 축록은 서로 경쟁한다는 말. 영웅들이 다투어 천하를 얻고자 함을 뜻함.

中原逐鹿

中 가운데 중	中	丨 冂 口 中			
原 언덕 원	原	一 厂 厂 厈 盾 原 原			
逐 쫓을 축	逐	一 丁 豸 豕 涿 涿 逐			
鹿 사슴 록	鹿	一 广 户 声 庐 鹿 鹿			

指鹿爲馬

지록위마

진나라 조고가 이세황제에게 사슴을 말이라고 속여 바친 일에서 유래하며, 윗사람을 농락하여 권세를 마음대로 함을 가리킴. 牽强附會(견강부회)

指鹿爲馬

指 가리킬 지	指	一 扌 扌 扩 指 指 指			
鹿 사슴 록	鹿	一 广 户 声 庐 鹿 鹿			
爲 할 위	爲	一 ´ 广 户 户 爲 爲 爲			
馬 말 마	馬	丨 厂 厂 厍 馬 馬			

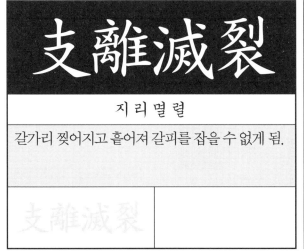

支離滅裂

지 리 멸 렬

갈가리 찢어지고 흩어져 갈피를 잡을 수 없게 됨.

支		
지탱할 **지**	一 十 步 支	
離		
떠날 **리**	ㅗ ㅜ ㅈ ㅍ 內 离 离 离 劀 離 離 離	
滅		
꺼질 **멸**	氵 氵 氵 汀 汀 汃 滅 滅 滅 滅	
裂		
찢을 **렬**	一 ㅋ ㅋ 列 列 刻 裂 裂 裂	

進退維谷

진 퇴 유 곡

앞으로 나아갈 수도 뒤로 물러설 수도 없이 꼼짝
할 수 없는 궁지에 빠짐.
進退兩難(진퇴양난), 四面楚歌(사면초가)

進		
나아갈 **진**	亻 亻 亻 仹 隹 隹 進	
退		
물러날 **퇴**	ㄱ ㄱ 日 艮 艮 退 退	
維		
벼리 **유**	纟 纟 糸 糸 約 紂 紵 紵 維	
谷		
골 **곡**	丿 八 父 父 谷 谷	

嫉逐排斥

질 축 배 척

시기하고 미워하여 물리침.

嫉		
미워할 **질**	乚 夊 女 女 扩 妒 妒 妒 嫉 嫉	
逐		
쫓을 **축**	ㄱ ㄱ ㅋ 豕 豕 逐 逐 逐	
排		
밀칠 **배**	一 丬 扌 扌 拝 拝 排	
斥		
물리칠 **척**	一 ㄏ ㄷ 斤 斥	

79

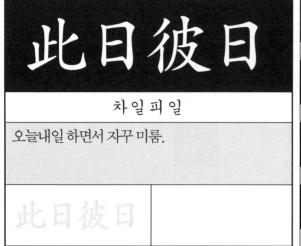

차 일 피 일

오늘내일 하면서 자꾸 미룸.

此	此				
이**차**	ㅣ ㅑ ㅑ 此 此				
日	日				
날**일**	ㅣ 冂 日 日				
彼	彼				
저**피**	㇒ ㇒ 彳 衤 衤 彼 彼				
日	日				
날**일**	ㅣ 冂 日 日				

창 해 일 속

한없이 넓은 바다에 떠있는 한 알의 좁쌀이라는
뜻으로, 크고 넓은 것 가운데에 있는 아주 작은 것
을 비유하는 말. 九牛一毛(구우일모)

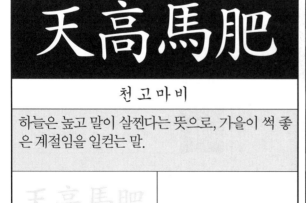

ㅊ

滄	滄				
큰 바다 **창**	㇔ ㇔ 氵 汁 汁 汁 汁 滄 滄 滄				
海	海				
바다 **해**	㇔ ㇔ 氵 汇 汇 海 海 海				
一					
한 **일**	一				
粟	粟				
조 **속**	㇐ 币 両 覀 覀 粟 粟 粟				

천 고 마 비

하늘은 높고 말이 살찐다는 뜻으로, 가을이 썩 좋
은 계절임을 일컫는 말.

天	天				
하늘 **천**	ㅡ 二 チ 天				
高	高				
높을 **고**	㇔ ㇇ 古 古 高 高 高				
馬	馬				
말 **마**	ㅣ 厂 厈 厍 馬 馬				
肥	肥				
살찔 **비**	月 月 月 肥 肥 肥 肥				

天方地軸

천 방 지 축

① 매우 급해서 허둥거리는 모습.
② 어리석은 사람이 갈 바를 몰라 두리번거리는 모습.

天方地軸

天			
하늘 **천**	ー ニ チ 天		
方			
모 **방**	、 亠 方 方		
地			
땅 **지**	ー 十 土 圵 圠 地		
軸			
굴대 **축**	ー 厂 厅 白 亘 車 軒 軕 軸 軸		

泉石膏肓

천 석 고 황

고질병이 되다시피 산수 풍경을 좋아하는 것.

泉石膏肓

泉			
샘 **천**	′ 白 白 白 白 身 泉		
石			
돌 **석**	ー 厂 ズ 石 石		
膏			
기름 **고**	、 亠 古 声 高 膏 膏		
肓			
명치끝 **황**	、 亠 亡 广 肓 肓		

天衣無縫

천 의 무 봉

선녀의 옷은 기운 데가 없다는 말로, 문장이 훌륭하여 손댈 곳이 없을 만큼 잘 되었음을 가리키는 말.

天衣無縫

天			
하늘 **천**	ー ニ チ 天		
衣			
옷 **의**	、 亠 ナ ヤ 衣 衣		
無			
없을 **무**	⺉ ⺁ 無 無 無 無		
縫			
꿰맬 **봉**	′ 幺 糸 糸 糾 終 終 縫 縫 縫		

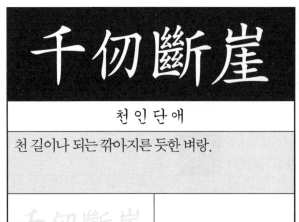

千仞斷崖

천 인 단 애

천 길이나 되는 깎아지른 듯한 벼랑.

千仞斷崖

千				
일천 천 · 二千				
刃				
길 인 ノイ刀刃刃				
斷				
끊을 단 幺 ￡ 丝 雙 雙 斷斷				
崖				
언덕 애 ' 屵 屵 屵 屵 崖				

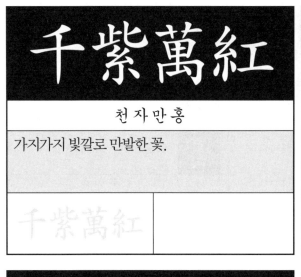

千紫萬紅

천 자 만 홍

가지가지 빛깔로 만발한 꽃.

千紫萬紅

千				
일천 천 · 二千				
紫				
자줏빛 자				
萬				
일만 만				
紅				
붉을 홍				

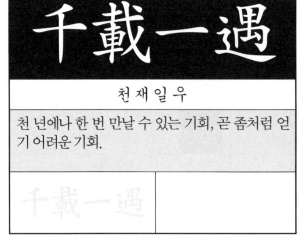

千載一遇

천 재 일 우

천 년에나 한 번 만날 수 있는 기회, 곧 좀처럼 얻기 어려운 기회.

千載一遇

千				
일천 천 · 二千				
載				
실을 재				
一				
한 일 一				
遇				
만날 우				

徹頭徹尾

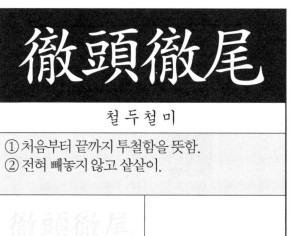

철두철미

① 처음부터 끝까지 투철함을 뜻함.
② 전혀 빼놓지 않고 샅샅이.

徹頭徹尾

徹	
통할 **철**	ノ 彳 彳 彳 彳 徇 徇 徇 徹 徹
頭	
머리 **두**	一 口 豆 豆 豇 頭 頭
徹	
통할 **철**	ノ 彳 彳 彳 彳 徇 徇 徇 徹 徹
尾	
꼬리 **미**	ㄱ ㅋ 尸 尸 尸 尾 尾

徹天之寃

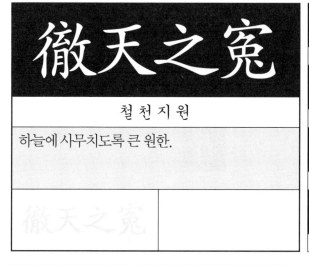

철천지원

하늘에 사무치도록 큰 원한.

徹天之寃

徹	
통할 **철**	ノ 彳 彳 彳 彳 徇 徇 徇 徹 徹
天	
하늘 **천**	一 二 チ 天
之	
갈 **지**	丶 ㇇ 之
寃	
원통할 **원**	丶 丶 宀 宀 宀 宀 宀 寃 寃

靑出於藍

청출어람

쪽에서 우러난 푸른빛이 쪽보다 더 푸르다는 말로, 제자가 스승보다 낫다는 뜻.
後生可畏(후생가외)

靑出於藍

靑	
푸를 **청**	一 二 丰 主 青 青 靑
出	
날 **출**	丨 屮 屮 出 出
於	
어조사 **어**	亠 方 方 方 扵 於 於
藍	
쪽 **람**	一 艹 艹 艹 艹 艹 艹 艹 艹 藍 藍 藍 藍 藍

寸鐵殺人

촌철살인

조그만 쇠붙이로 사람을 죽인다는 것으로, 간단한 말로 사물의 가장 요긴한 데를 찔러 드는 사람을 감동하게 하는 것. 頂門一鍼(정문일침)

寸鐵殺人

寸 마디 촌	一 十 寸
鐵 쇠 철	ノ ヒ ム 午 午 牟 金 金 釒 釒 銶 銶 鉄 鐵 鐵
殺 죽일 살	ノ メ ナ 子 杀 杀 杀 刹 殺 殺
人 사람 인	ノ 人

春雉自鳴

춘치자명

봄 꿩이 스스로 운다는 말로 시키거나 요구하지 아니하여도 제풀에 하는 것을 말함.

春雉自鳴

春 봄 춘	一 二 三 丰 夫 未 春 春
雉 꿩 치	ノ ヒ ᅩ 矢 矢 矧 矧 雉 雉 雉
自 스스로 자	′ ⺊ 竹 自 自 自
鳴 울 명	㇑ 口 叫 叩 唣 鳴 鳴

醉生夢死

취생몽사

아무 뜻과 이룬 일도 없이 한평생을 흐리멍덩하게 살아감.

醉生夢死

醉 취할 취	一 冂 西 酉 酌 酔 醉
生 날 생	ノ ト 一 牛 生
夢 꿈 몽	一 一 ⺌ ⺿ 茜 茜 莁 夢 夢 夢
死 죽을 사	一 厂 万 歹 死 死

七顚八起

칠전팔기

여러 번 실패해도 굽히지 않고 분투함을 일컫는 말.

七顚八起

七		七
일곱 **칠**	一七	
顚		顚
엎드러질 **전**	ᅳ ᅭ ᆢ ᄐ ᆯ 直 眞 眞 眞 眞 顛 顚 顚	
八		八
여덟 **팔**	ノ 八	
起		起
일어날 **기**	ᅳ ᆂ ᆃ ᆇ 走 起 起 起	

七縱七擒

칠종칠금

제갈 공명의 전술로 일곱 번 놓아주고 일곱 번 잡는다는 말로, 자유자재로운 전술을 가리킴.

七縱七擒

七		七
일곱 **칠**	一七	
縱		縱
세로 **종**	ᄼ ᄾ 糸 糸 糸 紵 縱 縱	
七		七
일곱 **칠**	一七	
擒		擒
사로잡을 **금**	ᅳ ᅪ ᅡ 扩 扲 扲 扲 捨 擒 擒 擒	

針小棒大

침소봉대

바늘을 몽둥이라고 말하듯 과장해서 말하는 것.

針小棒大

針		針
바늘 **침**	ᄉ ᄼ ᅀ 牟 金 金 針	
小		小
작을 **소**	⅃ 小 小	
棒		棒
막대 **봉**	ᅳ ᆊ ᆍ 杧 杧 柊 棒 棒	
大		大
큰 **대**, 클 **대**	一ナ大	

他山之石

타 산 지 석

다른 산에서 난 돌도 자기의 구슬을 가는 데 소용이 된다는 뜻으로, 다른 사람의 하찮은 언행일지라도 자기 지덕을 연마하는데 도움이 된다는 말.

他山之石

他 다를 **타**	ノ イ 彳 他 他		
山 메 **산**	丨 山 山		
之 갈 **지**	丶 宁 之		
石 돌 **석**	一 ナ 石 石 石		

卓上空論

탁 상 공 론

실현성이 없는 허황된 이론.

卓上空論

卓 높을 **탁**	丶 卜 占 占 占 卓 卓		
上 윗 **상**	丨 卜 上		
空 빌 **공**	丶 宀 宀 空 空 空 空		
論 논할 **론**	亠 言 言 訥 診 論 論 論		

貪官汚吏

탐 관 오 리

탐욕이 많고 마음이 깨끗하지 못하여 부정을 일삼는 벼슬아치.

貪官汚吏

貪 탐낼 **탐**	八 今 今 含 合 貪 貪		
官 벼슬 **관**	丶 宀 宁 宁 官 官 官		
汚 더러울 **오**	丶 丶 氵 汗 汙 汚		
吏 벼슬아치 **리**	一 口 吏 吏		

泰山北斗

태산북두

태산과 북두칠성을 우러러보는 것처럼, 남으로부터 그런 존경을 받는 존재.

泰山北斗

泰				
클 **태**	三 声 夫 夫 泰 泰 泰			
山				
메 **산**	l ㅛ 山			
北				
북녘 **북**	ー ォ ォ キ 北			
斗				
말 **두**	ヽ ヽ ニ 斗			

波瀾重疊

파란중첩

어려운 일이 복잡하게 겹침.
雪上加霜(설상가상)

波瀾重疊

波				
물결 **파**	ヽ ヽ ヽ 沪 沪 波 波			
瀾				
물결 **란**	ㅋ ㅋ ㅋ 泂 門 潤 潤 潤 瀾 瀾			
重				
무거울 **중**	ノ 一 台 台 旨 重 重			
疊				
거듭 **첩**	ヽ 口 曰 曰 田 畕 畾 畾 畾 畾 疊			

破顔大笑

파안대소

얼굴이 일그러지고 찢어지도록 크게 웃는다는 뜻으로, 즐거운 표정으로 한바탕 크게 웃음을 이르는 말.

破顔大笑

破				
깨뜨릴 **파**	ブ 石 矿 矿 矿 破 破			
顔				
낯 **안**	ー 立 立 产 彦 产 節 顔 顔			
大				
큰 대, 클 대	一 ナ 大			
笑				
웃음 **소**	ノ ト ト 竹 竹 竺 笑 笑			

Ⅱ

87

破竹之勢

파죽지세

대가 쪼개지듯 세력이 강하여 걷잡을 수 없이 나아가는 모양.

破竹之勢

破				
깨뜨릴 **파**	ﾉ 石 石 矿 砂 破 破			
竹				
대 **죽**	ﾉ ㇏ ㇏ ㇏ 竹 竹			
之				
갈 **지**	` ﾜ 之			
勢				
형세 **세**	一 十 土 ㄓ 幸 刲 執 執 勢 勢			

弊袍破笠

폐포파립

헤진 옷과 부서진 갓, 곧 너절하고 구차한 차림새.

弊袍破笠

弊				
폐단 **폐**	小 内 冉 府 敝 敝 弊			
袍				
도포 **포**	` ㇏ ネ ネ 衤 袙 袍 袍			
破				
깨뜨릴 **파**	ﾉ 石 石 矿 砂 破 破			
笠				
삿갓 **립**	ﾉ ㇏ ㇏ 竹 竹 쑫 쑫 笠			

抱腹絶倒

포복절도

배를 안고 몸을 가누지 못할 정도로 몹시 웃음.

抱腹絶倒

抱				
안을 **포**	ﾅ ㇏ ㇏ 扚 扚 扚 抱			
腹				
배 **복**	月 月 胪 胪 腹 腹 腹			
絶				
끊을 **절**	ﾉ ㇏ 糸 糽 紹 絠 絠 絶			
倒				
넘어질 **도**	ﾉ ㇏ ㇏ 佢 佢 倒 倒			

風前燈火

풍전등화

바람 앞에 켠 등불처럼 매우 위급한 경우에 놓여 있음을 가리키는 말. 百尺竿頭(백척간두)

風前燈火

風 바람 풍	ノ 几 凡 凡 凨 凬 風				
前 앞 전	丶 丷 丷 亓 亓 前 前 前				
燈 등 등	丶 丷 火 火 灯 灯 烊 烊 烽 烽 燈 燈				
火 불 화	丶 丷 少 火				

風餐露宿

풍찬노숙

바람과 이슬을 맞으며 한 데서 지냄. 큰 일을 이루려는 사람이 고초를 겪는 모양.

風餐露宿

風 바람 풍	ノ 几 凡 凡 凨 凬 風				
餐 밥 찬	丶 卜 广 夕 夕 夗 夗 夗 夗 夗 夗 餐 餐 餐				
露 이슬 노	一 一 雨 雨 零 零 零 霉 霉 霞 露 露				
宿 잘 숙	丶 宀 宀 宀 宿 宿 宿 宿				

匹夫匹婦

필부필부

평범한 남자와 평범한 여자.

匹夫匹婦

匹 짝 필	一 丆 兀 匹				
夫 지아비 부	一 二 扌 夫				
匹 짝 필	一 丆 兀 匹				
婦 며느리 부	乚 女 女 女 女 女 妒 婦 婦 婦				

必有曲折

필유곡절

반드시 어떠한 까닭이 있음.

必有曲折

必	必	
반드시 **필**	`丶丷必必	
有	有	
있을 **유**	ノナオ有有有	
曲	曲	
굽을 **곡**	｜冂日由曲曲	
折	折	
꺾을 **절**	一扌扌扩折折折	

下石上臺

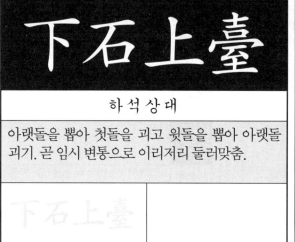

하석 상대

아랫돌을 뽑아 첫돌을 괴고 윗돌을 뽑아 아랫돌
괴기. 곧 임시 변통으로 이리저리 둘러맞춤.

下石上臺

下	下	
아래 **하**	一丁下	
石	石	
돌 **석**	一厂ア石石	
上	上	
윗 **상**	｜卜上	
臺	臺	
대 **대**	一士吉壹臺臺臺	

鶴首苦待

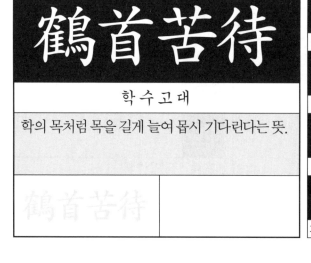

학 수 고 대

학의 목처럼 목을 길게 늘여 몹시 기다린다는 뜻.

鶴首苦待

鶴	鶴	
학 **학**	一ナオオ雀雀雀´雀′雚鶴鶴鶴	
首	首	
머리 **수**	丷丷宀产首首首	
苦	苦	
쓸 **고**	一十艹艹芏芏苦苦	
待	待	
기다릴 **대**	´彳彳彳彳待待待	

ㅎ

漢江投石

한강투석

한강에 돌 던지기. 지나치게 미미하여 전혀 효과가 없음을 비유하는 말.

漢		
한수 **한**	氵氵汁汁渃渃漢漢	
江		
강 **강**	丶丶氵沪江江	
投		
던질 **투**	一十扌扩护投投	
石		
돌 **석**	一丆厂石石	

汗牛充棟

한우충동

수레에 실으면 소가 땀을 흘리고, 쌓으면 들보에까지 가득 찰 만큼 많다는 뜻으로, 썩 많은 장서를 가리키는 말.

汗		
땀 **한**	丶丶氵汗汗汗	
牛		
소 **우**	丿丨二牛	
充		
채울 **충**	丶亠去充充	
棟		
마룻대 **동**	一十木术栖栖栖榑棟	

緘口無言

함구무언

입을 다물고 말이 없음.

緘		
봉할 **함**	乡幺糸糸糽糽緘緘緘	
口		
입 **구**	丨冂口	
無		
없을 **무**	乁二無無無無	
言		
말씀 **언**	丶亠宀言言言	

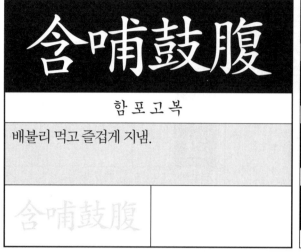

含哺鼓腹

함포고복

배불리 먹고 즐겁게 지냄.

含哺鼓腹

含	含			
머금을 함	ノ 人 八 今 今 含 含			
哺	哺			
먹일 포	丨 口 叮 叮 哨 哺 哺			
鼓	鼓			
북 고	一 十 吉 壴 壴 鼓 鼓			
腹	腹			
배 복	刀 月 胪 胪 胪 腹 腹			

咸興差使

함흥차사

심부름을 시킨 뒤 아무 소식이 없거나 회답이 더디 올 때 쓰는 말.

咸興差使

咸	咸			
다 함	ノ 厂 厂 戶 咸 咸 咸			
興	興			
일 흥	' ୮ ୮ 印 印 阻 輿 輿 興			
差	差			
다를 차	ソ ゾ 羊 羊 差 差 差			
使	使			
하여금 사	イ 亻 仃 仢 使 使			

偕老同穴

해로동혈

부부가 함께 늙고, 죽어서는 한곳에 묻힌다는 것으로 부부의 사랑을 뜻함.

偕老同穴

偕	偕			
함께 해	イ 亻 仹 侰 偕 偕 偕			
老	老			
늙을 로	一 十 土 耂 老 老			
同	同			
한가지 동	丨 冂 冂 冋 同 同			
穴	穴			
구멍 혈	' 宀 宁 宂 穴			

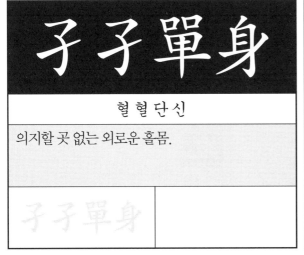

子子單身

혈혈단신

의지할 곳 없는 외로운 홀몸.

子				
외로울 **혈**	`ㄱ了子`			
子				
외로울 **혈**	`ㄱ了子`			
單				
홑 **단**	`丶丷吅吅严暈單`			
身				
몸 **신**	`ノ亻冂冂身身身`			

螢雪之功

형설지공

중국 진나라의 차윤(車胤)이 반딧불로 글을 읽고 손강(孫康)이 눈빛으로 글을 읽었다는 고사에서 온 말로, 고생해서 공부한 공이 드러남을 비유.

螢雪之功

螢	
반딧불이 **형**	`丶丷丬炒炒炒萤萤螢`
雪	
눈 **설**	`一宀帀帀帀雩雪雪`
之	
갈 **지**	`丶㇇之`
功	
공 **공**	`一丅工功功`

好事多魔

호사다마

좋은 일에는 방해가 많음.

好事多魔

好	
좋을 **호**	`ㄑㄑ女女好好`
事	
일 **사**	`一冂冂亘写写事`
多	
많을 **다**	`ノクタタ多多`
魔	
마귀 **마**	`广广广广庐庐庐庵庵魔魔`

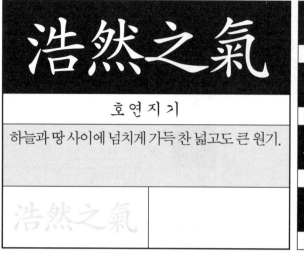

호연지기

하늘과 땅 사이에 넘치게 가득 찬 넓고도 큰 원기.

浩然之氣

浩 넓을 호	丶 氵 汁 沪 浩 浩 浩 浩		
然 그럴 연	勹 夕 夕 妖 妖 然 然		
之 갈 지	丶 ㇏ 之		
氣 기운 기	㇒ 乍 气 气 气 氧 氣		

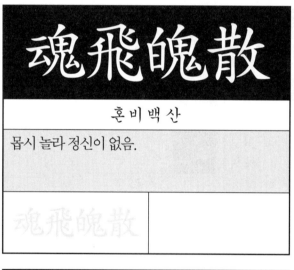

혼비백산

몹시 놀라 정신이 없음.

魂飛魄散

魂 넋 혼	二 云 刼 刼 魂 魂 魂		
飛 날 비	㇟ ㇟ 飞 飞 飞 飛 飛 飛		
魄 넋 백	丿 白 白 白 的 的 的 魄 魄		
散 흩을 산	艹 茾 昔 昔 背 散 散		

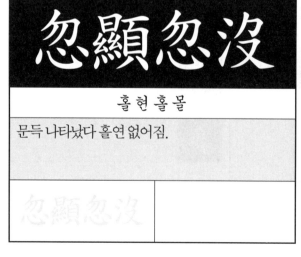

홀현홀몰

문득 나타났다 홀연 없어짐.

忽顯忽沒

忽 갑자기 홀	丿 勹 勿 勿 忽 忽		
顯 나타날 현	丶 口 日 日 貝 㬎 㬎 顯 顯 顯		
忽 갑자기 홀	丿 勹 勿 勿 忽 忽		
沒 빠질 몰	丶 氵 氵 氵 汐 沒 沒		

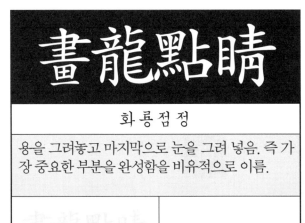

화룡점정

용을 그려놓고 마지막으로 눈을 그려 넣음. 즉 가장 중요한 부분을 완성함을 비유적으로 이름.

畫龍點睛

畫 그림 화	ㄱ ㄱ ㄱ ㅋ 聿 畫 畫 畫 畫 畫
龍 용 룡	ㄴ ㄱ 亨 育 育 背 龍 龍
點 점 점	ㄲ ㅂ 里 黑 黑 點 點
睛 눈동자 정	ㅣ ㅣ 目 目 眭 睛 睛 睛 睛

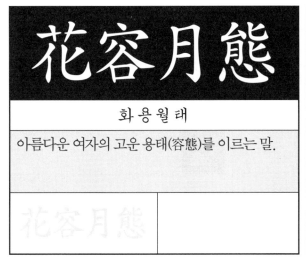

화용월태

아름다운 여자의 고운 용태(容態)를 이르는 말.

花容月態

花 꽃 화	ㅡ ㅜ ㅛ 莎 花 花 花
容 얼굴 용	ㅗ 宀 穴 突 突 容 容
月 달 월	ㅣ 月 月 月
態 모습 태	ㅗ 兪 育 能 能 態 態

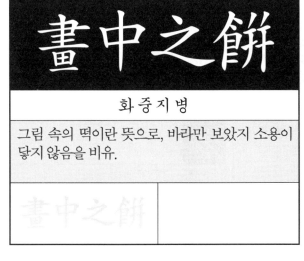

화중지병

그림 속의 떡이란 뜻으로, 바라만 보았지 소용이 닿지 않음을 비유.

畫中之餅

畫 그림 화	ㄱ ㄱ ㄱ ㅋ 聿 畫 畫 畫 畫 畫
中 가운데 중	ㅣ ㅁ ㅁ 中
之 갈 지	ㅣ ㅈ 之
餅 떡 병	ㅅ ㅅ ㅅ 今 今 食 食 飠 餠 餠 餠

後生可畏

후생가외

「논어」에 나오는 말로, 후진들이 선배들보다 나아 오히려 두렵게 여겨진다는 뜻.

後生可畏

後	뒤 후	ㄱ ㄱ ㄱ ㄱ 彳 彳 彳 移 移 後 後
生	날 생	ㄱ ㄴ ㄴ 生 生
可	옳을 가	一 丁 丁 可 可
畏	두려워할 외	口 田 田 田 畏 畏 畏 畏

興亡盛衰

흥망성쇠

흥하고 망(亡)하고 성(盛)하고 쇠하는 일.

興亡盛衰

興	일 흥	ㆍ ㄱ ㅓ ㅏ 卯 卯 師 師 爾 爾 興 興
亡	망할 망	丶 亠 亡
盛	성할 성	ㄱ ㄷ ㄷ 厈 成 成 成 盛 盛
衰	쇠할 쇠	亠 亠 亠 㐬 㐬 㐬 衰

喜怒哀樂

희로애락

기쁨과 노여움과 슬픔과 즐거움이라는 뜻으로, 곧 사람의 여러 가지 감정(感情)을 이르는 말.

喜怒哀樂

喜	기쁠 희	一 十 土 吉 吉 直 喜
怒	성낼 로(노)	ㄱ � ㅣ 女 奴 怒 怒
哀	슬플 애	亠 亠 亠 亠 声 亯 哀
樂	즐길 락(낙)	ㄱ ㄠ 幻 鈔 纵 纵 樂 樂 樂

고사성어를 따라 쓰며 기억력을 회복하고 인지력을 향상시킨다

백세 장수 시대를 사는 어르신들이 육체 건강 못지않게 두뇌 건강에 신경을 씁니다. 어르신들이 나이가 들어 기억력이 떨어지면 막연하게 치매를 걱정하기도 합니다. 몸은 운동으로 관리할 수 있지만 두뇌는 건강하게 관리하기가 쉽지 않기 때문입니다. 직접 손을 움직이는 행동이 뇌를 건강하게 만든다는 연구 자료들이 증명하듯 손글씨 쓰기는 어르신들의 기억력 회복과 치매 예방에 많은 도움이 됩니다. 시사패스는 고사성어를 따라 쓰며 두뇌를 훈련하는 『어르신을 위한 고사성어 따라쓰기』를 출간하여 어르신들의 기억력 회복에 도움을 드리고자 합니다.

어르신들의 기억력 회복과 치매 예방을 위해 기획한 이 책의 특징

• 스스로 연습이 가능한 한자의 기준선 표시

한자의 기준선을 표시하여 어르신 스스로 한자 연습을 할 수 있도록 구성하였습니다. 기준선에 맞추어 신중하게 한자를 쓰는 연습은 두뇌를 활성화합니다.

• 선긋기부터 시작하여 고사성어 익히기

글자쓰기의 기본이 되는 선긋기부터 차근차근 따라 쓸 수 있도록 구성하였습니다. 선긋기와 한자 따라 쓰기는 좋은 두뇌 훈련 과정입니다.

• 고사성어를 실생활에 바로 적용할 수 있도록 익히기

고사성어와 해설을 실어 어르신들이 실생활에 바로 적용할 수 있도록 구성하였습니다. 어릴 때 반복했던 쓰기 연습을 떠올리며 한자를 읽고 쓰는 과정은 어르신의 기억력 회복을 돕습니다.

• 인지력 향상과 치매 예방을 위한 고사성어 손글씨 연습

뇌과학자들의 연구에 따르면 손을 움직여 글씨를 쓰는 행위는 기억력과 인지력을 향상시켜 치매 확률을 현저하게 낮춘다고 합니다. 손을 움직이며 고사성어를 천천히 읽고 따라쓰기를 반복하는 것은 치매 예방을 위한 좋은 두뇌 훈련 과정입니다.

값 5,900원

ISBN 978-89-8097-556-3

13140

9 788980 975563

孫子曰 兵者 國之大事 死生之地
存亡之道 不可不察也 故經之以五
校之以計 而索其情 一曰道 二曰天
三曰地 四曰將 五曰法

道者 令民與上同意也 故可與之死 可與之生
而民不畏危也

將者 智 信 仁 勇 嚴也 法者 曲制
官道 主用也 計利以聽 乃爲之勢
以佐其外 勢者 因利而制權也

孫子曰 凡用兵之法 全國爲上 破國次之
全軍爲上 破軍次之 是故百戰百勝
非善之善者也 不戰而屈人之兵 善之善者也

兵者 詭道也 故能而示之不能
用而示之不用 近而示之遠 遠而示之近
利而誘之 亂而取之 實而備之
强而避之 怒而撓之 卑而驕之

故上兵 伐謀 其次 伐交 其次
伐兵 其下攻城 故善用兵者
屈人之兵而非戰也 拔人之城而非攻也

國之貧於師者遠輸 遠輸則百姓貧
近於師者貴賣 貴賣則百姓財竭
財竭則急於丘役

夫將者 國之輔也 輔周則國必强
輔隙則國必弱 上下同欲者勝 以虞待不虞者勝
將能而君不御者勝 此五者 知勝之道也

고전 읽기 인문학 글쓰기

손자병법
필사노트

손무 원저
시사정보연구원 편저

孫子
兵法

시사패스
SISAPASS.COM